南方电网能源发展研究院

中国电力行业投资发展报告

（2024年）

南方电网能源发展研究院有限责任公司　编著

中国电力出版社

CHINA ELECTRIC POWER PRESS

图书在版编目（CIP）数据

中国电力行业投资发展报告. 2024年/南方电网能
源发展研究院有限责任公司编著. -- 北京：中国电力出
版社，2025. 4. -- ISBN 978-7-5198-9830-4

Ⅰ. F426.61

中国国家版本馆CIP数据核字第 2025DT6802 号

出版发行：中国电力出版社
地　　址：北京市东城区北京站西街 19 号（邮政编码 100005）
网　　址：http://www.cepp.sgcc.com.cn
责任编辑：岳　璐（010-63412339）
责任校对：黄　蓓　郝军燕
装帧设计：张俊霞
责任印制：石　雷

印　　刷：北京博海升彩色印刷有限公司
版　　次：2025 年 4 月第一版
印　　次：2025 年 4 月北京第一次印刷
开　　本：787 毫米×1092 毫米　16 开本
印　　张：12.75
字　　数：180 千字
印　　数：0001—1000 册
定　　价：89.00 元

前　言
PREFACE

在积极稳妥推进碳达峰、碳中和的背景下，我国能源电力行业在加快规划建设新型能源体系、构建新型电力系统的方向上奋力前行。南方电网能源发展研究院立足具有行业影响力的世界一流能源智库，服务国家能源战略、服务能源电力行业、服务经济社会发展的行业智囊定位，围绕能源清洁低碳转型、新型电力系统建设以及企业创新发展等焦点议题，深入开展战略性、基础性、应用性研究，形成一批高质量研究成果，以年度系列专题研究报告形式集结成册，希望为党和政府科学决策、行业变革发展、相关研究人员提供智慧和力量。

电力行业属于资金密集型行业，投资是反映行业状况的"晴雨表"，因而投资分析是考察电力发展不可或缺的一个方面。2023 年我国电力行业投资总额 15 502 亿元，同比增长 24.7%，为近十年来最高增速。电源投资总额为 10 225 亿元，首破万亿大关，同比大幅上升 37.7%；电网投资总额为 5277 亿元，同比上升 5.4%。在各类电源投资中，光伏投资在 2022 年的高基数上继续增长 50.7%，是唯一一个增速高于总体增速的电源种类，其投资占比上升至 42.2%，连续两年位居第一；其次为风电，抢装潮退却后投资再度回暖并创下新高，同比增长 36.9%，但在光伏的挤占下，占比仍小幅下降至 26.9%；火电、水电、核电再次之，分别为 11.0%、10.1%、9.8%，其中水电投资规模恢复增长，火电、核电增速均超 25%，同样处于发展快车道。

作为年度系列专题研究报告之一，《中国电力行业投资发展报告（2024

年)》围绕我国发电行业、电网行业、储能行业、电价以及典型企业的投资、供应、盈利等与投资密切相关的要素进行了系统梳理和深入分析，并分别进行了前景展望。报告共分为 11 章，第 1 章梳理了 2023 年国内外宏观经济形势环境和电力行业总体投资情况及政策形势；第 2~8 章分别分析了火电、水电、核电、风电、光伏、电网和新型储能行业 2023 年的投资、供应、盈利情况以及近年来的变化趋势；第 9 章分析了电价政策、上网电价、输配电价、销售电价以及电力市场化交易情况；第 10 章通过企业看行业，分析了 9 家重点发电企业经营状况；第 11 章考虑到氢能的广阔利用前景和日益增长的市场关注度，基于电氢协同视角，从产业发展概况、投资方向与典型项目、企业经营状况以及发展前景展望 4 方面进行介绍和探讨。

由于作者水平有限，书中难免存在错漏之处，恳请读者谅解并批评指正！

编　者

2024 年 7 月

目 录
CONTENTS

前言

第 1 章

电力行业投资总体形势概述

1.1 国内外宏观经济形势回顾

1.1.1 2023 年国际宏观经济形势

2023 年，在通胀高企、货币政策紧缩、地缘冲突加剧等负面因素影响下，全球经济增长缓慢且不均衡。2023 年全球经济同比增速为 2.6%，较上年下降 0.6 个百分点。各地区增长分化加剧，由于政策收紧影响，发达经济体相较于新兴市场的增长放缓更为明显。美国经济表现出了较强韧性，2023 年 GDP 同比增速 2.5%，较上年上升 0.4 个百分点；欧元区经济受地缘政治冲突及能源危机等冲击表现疲软，2023 年 GDP 增长 0.4%，较上年下降 3.0 个百分点；日本经济表现出温和复苏态势，2023 年增长 1.9%，较上年上升 0.9 个百分点；韩国 2023 年全年实际 GDP 增长 1.4%，较上年下降 1.2 个百分点；印度经济保持高增长，2023 年实际 GDP 增长 8.4%；得益于国内消费需求强劲，俄罗斯经济好于预期，2023 年 GDP 增长 3.6%，较上年上升 4.8 个百分点；巴西经济继续缓慢复苏，2023 年实际 GDP 增长 2.9%。2023 年世界主要经济体实际 GDP 增速如表 1-1 所示。

表 1-1   2023 年世界主要经济体实际 GDP 增速

指标	美国	欧元区	日本	韩国	俄罗斯	印度	巴西	中国
GDP 增速（%）	2.5	0.4	1.9	1.4	3.6	8.4	2.9	5.2

2023 年，全球通胀压力仍存，但随着供应链恢复和货币政策收紧有所缓解。2023 年美欧延续强力加息政策，美联储自 2022 年 3 月—2023 年底已加息 11 次，联邦基金利率目标区间上调到 5.25%～5.5%的历史高位。主要发达经济体的通胀水平均有所下降，美国 CPI 同比从年初的 6.4%回落到 3.1%，欧元区 CPI 同比从年初的 9.2%回落至 2.4%，但距离 2%的目标水平仍有距离。2023 年四季度以来，由于通胀压力缓解以及经济下行压力加大，全球

央行总体上放缓了加息步伐。2023 年 9 月和 11 月美联储暂停加息，欧央行仍维持鹰派立场，但欧元区疲软的经济形势让市场预期其可能先于美国降息。新兴市场多数国家的 CPI 回落，但仍有震荡反复，各国货币政策存在分化。2023 年，印度央行于 2 月加息 1 次，俄央行自 7 月重启加息，巴西在通胀高达 5%的情况下意外开始降息历程，自 2023 年 8 月—2024 年 2 月已连续 5 次降息。

展望 2024，全球经济仍将维持低速增长和分化格局，预计全球通胀问题将得到阶段性缓解，高利率环境下主要经济体之间的周期错位影响或在降息周期开启后减弱。预计大型发达经济体在 2024 年将减速增长，美国经济增长维持韧性，高利率或将保持较长时间；欧元区经济表现疲弱，欧洲央行面临经济衰退与通胀高企之间的权衡选择；全球经济放缓、外部需求下降可能加大新兴经济体压力，同时增长分化加剧，一些新兴经济体面临债务问题和国际收支平衡压力，但印度等新兴经济体将表现出较好的经济增长韧性。总体来看，全球产业链调整、俄乌冲突等事件将持续产生负面影响，2024 年全球大选年等可能引发更加激烈的地缘政治冲突，叠加紧缩货币政策、债务风险上升等周期性因素，世界经济增长将延续疲软态势，世界银行预计 2024 年全球经济增速为 2.6%。

1.1.2　2023 年国内宏观经济形势

2023 年，在稳中求进的工作总基调下，宏观经济稳增长政策持续发力，我国经济呈现弱势修复态势。全年 GDP 同比增长 5.2%，顺利实现年初制定的 5%增长目标，但仍低于潜在增速区间。在复杂的外部环境和国内多重因素叠加的影响下，全年经济呈波动态势，修复进程曲折。2023 年中国实际 GDP 当季同比情况如图 1-1 所示。

从三大需求来看，受疫情防控优化后需求集中释放及同期基数较低等因素推动，2023 年以来消费拉动经济增长的基础性作用显著增强，特别是餐饮、旅游等接触性服务消费修复较快。全年社会消费品零售总额同比增长 7.2%，在

图 1-1　2023 年中国实际 GDP 当季同比

三大需求中增长最快，但仍未恢复到 2019 年的涨幅水平，居民消费信心有待进一步修复。2023 年投资增速放缓，房地产持续走弱尤其是二季度加速下行，下半年暂时稳定但无明显反弹；基建投资和制造业投资仍是主要拉动项，其中基建投资持稳，并于第四季度在增量财政政策带动下加速增长。受全球经济疲软和地缘政治冲突影响，2023 年净出口对 GDP 拉动为−0.6%，全年以美元计价的出口总额同比下降 4.6%，较 2022 年 6.9%的增速明显回落。外贸增速总体呈先降后升走势，年初开始进出口增速持续放慢并在二季度出现负增长，7 月下降至最低−14.1%后跌幅持续收窄。受到进出口同步向下波动影响，贸易差额下降幅度有限，年底出现贸易顺差，外贸对经济的负面影响逐步下降。2023年中国三大需求对 GDP 累计同比的拉动情况如图 1-2 所示。

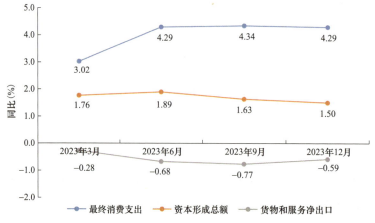

图 1-2　2023 年中国三大需求对 GDP 累计同比的拉动

通胀方面，受需求不足影响，2023 年中国 CPI、PPI 维持偏弱走势。2023年 CPI 全年同比上涨 0.2%，月度 CPI 同比涨幅远低于 3%左右的年度预期目标，其中 1 月涨幅最高，达 2.1%，3 月以来涨幅连续处于 1%以下的低位。受国际大宗商品价格下行、部分工业品需求不足及上年同期对比基数较高等因素影响，2023 年 PPI 比上年下降 3.0%，全年处于负增长区间，下半年降幅收窄。2023 年中国 CPI 及 PPI 当月同比如图 1-3 所示。

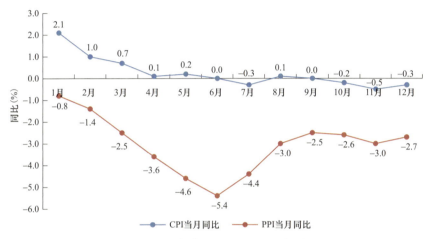

图 1-3　2023 年中国 CPI 及 PPI 当月同比

展望 2024 年，我国仍然面临战略机遇和风险挑战并存的环境，内需不足、房地产调整、地方债风险、通货紧缩风险和外部环境复杂严峻将继续对我国经济增长带来挑战。随着宏观政策持续发力、发展内生动力不断积聚，我国经济回升向好、长期向好的基本趋势不变，GDP 增速有望进一步向潜在水平回升。消费方面，稳增长政策下内需持续改善，消费拉动作用将进一步增强，但就业压力以及资本市场和房地产市场的"负财富效应"可能影响消费能力释放。投资方面，高端制造和基建投资仍是重要支撑力量。2024 年我国政府发行债券规模明显扩大，并新增发行超长期特别国债，将带动社会有效投资；科技投入力度加大，涉及新质生产力的项目有望迎来投资热潮。出口方面，上行与下行因素并存，在海外紧缩的货币周期进入尾声、美国有望进入补库存周期和产业链重塑的背景下，2024 年出口增速有望转正，但多变的海外形势仍将给出口带来不确定性。

1.2 电力行业投资现状

本报告中电力行业包括火电、水电、核电、风电、光伏、电网、储能等细分行业。电力行业如无特殊说明，均指中国电力行业。

1.2.1 投资规模

2023 年我国电力行业投资总额为 15 502 亿元，同比增长 24.7%，较上年增速上升了 9.2 个百分点，在近十年中增速最快。电源投资总额为 10 225 亿元，首次突破万亿，同比上升 37.7%，连续五年保持增长态势；电网投资总额为 5277 亿元，同比上升 5.4%，增速呈现企稳回升态势。自 2020 年电源投资超过电网投资以来，电源投资保持快速增长，新能源发电投资持续较快增长是主要驱动力。2014—2023 年，风光新增投资占电源投资的比重从 28.9%大幅增长到 69.1%。我国电力行业投资规模如图 1-4 所示。

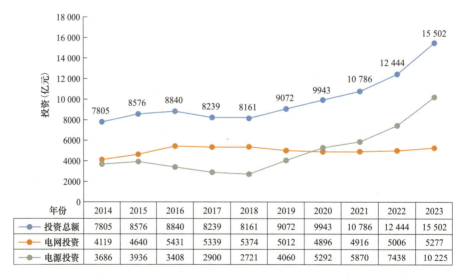

年份	2014	2015	2016	2017	2018	2019	2020	2021	2022	2023
投资总额	7805	8576	8840	8239	8161	9072	9943	10 786	12 444	15 502
电网投资	4119	4640	5431	5339	5374	5012	4896	4916	5006	5277
电源投资	3686	3936	3408	2900	2721	4060	5292	5870	7438	10 225

图 1-4　2014—2023 年我国电力行业投资规模

从新增建设规模来看，2023 年新增发电装机容量 3.71 亿 kW，比上年大幅增加 1.72 亿 kW；新增 220kV 及以上输电线路长度为 3.81 万 km，比上年少投产 557km；新增 220kV 及以上变电设备容量为 2.57 亿 kVA，比上年少投产 354 万 kVA。2014—2023 年我国新增电力建设规模如表 1-2 所示。

表 1-2　　　　　　　　　2014—2023 年我国新增电力建设规模

年份	2014	2015	2016	2017	2018	2019	2020	2021	2022	2023
新增发电装机容量（万 kW）	10 443	13 184	12 143	13 044	12 775	10 501	19 144	17 908	19 849	37 067
新增变电设备容量（万 MVA）	22 358	21 902	24 394	24 231	22 214	23 814	22 288	24 298	26 010	25 656
新增输电线路长度（km）	35 967	33 248	34 999	41 413	41 092	35 912	35 029	32 152	38 687	38 130

1.2.2　投资结构

2023 年各类电源新增投资结构基本保持稳定，除光伏外的其他电源新增投资占比略有下降。2023 年光伏发电投资 4316 亿元，同比增长 50.7%，在电源新增总投资中的占比为 42.2%，在各类电源新增投资中继续位列第一。2023 年风电新增投资为 2753 亿元，同比增长 36.9%，在电源新增总投资中的占比为 26.9%，较上年下降 0.1 个百分点。水电新增投资同比增长 18.0%，在电源新增总投资中的占比为 10.1%，较上年下降 1.6 个百分点。火电、核电新增投资同比增长 25.6%、27.7%，2023 年新增投资占比分别为 11.0% 和 9.8%，较上年分别下降 1.0 和 0.7 个百分点。2014—2023 年电源新增投资结构及发展如图 1-5 所示。

图 1-5　2014—2023 年电源新增投资结构及发展

从电源新增装机情况来看，2023 年全国电力新增装机容量 3.71 亿 kW，其中新能源新增装机容量 2.95 亿 kW，占全部增量的 79.6%，显示出我国新能源发展的强劲动能。随着项目建设成本快速下降、技术迭代升级加快，我国光伏投资迎来热潮，2023 年光伏新增装机规模和增速创下历史新高，全年光伏新增装机容量接近前四年总和，同比增速达到 146.6%。光伏在各类电源新增装机规模中的占比达到 58.7%，连续三年位列第一，其余依次为风电（20.6%）、火电（17.8%）、水电（2.5%）及核电（0.4%）。我国近年加大煤电核准力度，火电新增投资快速回升，随着新建项目陆续投产，2023 年火电新增装机容量同比增长 44.7%。2023 年风电呈现出筑底回升态势，风电开发相比去年景气程度改善，新增装机容量同比增长 97.4%。随着水力资源利用率提高、大型项目相继投产，近两年水电新增装机量有所下降。虽然 2023 年水电新增投资有所增加，但由于建设周期长，新增装机容量仍同比下降 60.2%。2014—2023 年电源新增装机结构及发展如图 1-6 所示。

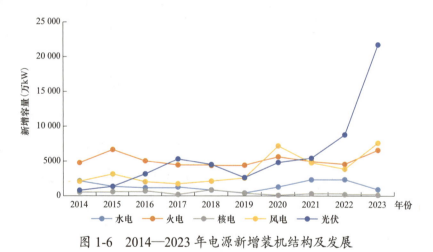

图 1-6   2014—2023 年电源新增装机结构及发展

1.2.3   投资效果

2023 年全国发电量达到 94 564 亿 kWh，同比增长 6.9%，高于近 10 年平均年增速；2023 年 6000kW 及以上电厂发电设备利用小时数为 3592h，较 2022 年下降 101h，出现小幅回落。近年来发电设备利用小时数呈下降趋势，原因主要有以下几点：一是光伏装机大幅增加，但其发电量贡献度并未与装机容量完全匹配，2023 年光伏装机量同比增长 55.5%，发电量仅同比增长 36.7%；其次是受来水偏枯影响，水库蓄水不足，水电利用小时数明显减少。2014—2023年全国发电量与发电设备利用小时如图 1-7 所示。

图 1-7　2014—2023 年全国发电量与发电设备利用小时

1.3　电力行业发展形势

1.3.1　能源领域形势

（1）加快建设新型能源体系。2023 年"加快建设新型能源体系"被明确写入政府工作报告，2023 年 12 月的中央经济会议再次强调加快建设新型能源体系，加强资源节约集约循环高效利用，提高能源资源安全保障能力。在政策指引下，我国持续推动能源结构绿色转型，大力推动可再生能源重大工程。2023年我国可再生能源总装机量达到 14.5 亿 kW，占全国发电总装机超 50%，历史性超过火电装机；实现煤电"三改联动"约 1.9 亿 kW，抽水蓄能投产和在建规模达 2 亿 kW，建成投运新型储能项目超 2400 万 kW，可再生能源制氢项目产能超 6 万 t/年。

随着我国新型能源体系建设取得亮眼成效，2024 年政府工作报告提出要"深入推进能源革命，控制化石能源消费，加快建设新型能源体系"。新型能源体系包含五方面突出特征：一是新的能源结构，非化石能源逐步替代化石能源成为主体能源；二是新的系统形态，新型电力系统、氢能"制储输用"体系、化石能源低碳零碳化利用等加快涌现；三是新的产业体系，以高水平科技自立自强加快形成能源领域新质生产力；四是弹性韧性的供应链，有力保障极端天气等各类条件下的用能安全；五是新的治理体系，各种要素资源实现灵活高效配置。建设新型能源体系，既是推动能源绿色低碳转型、积极稳妥推进碳达峰碳中和的重要支撑，也是保障国家能源安全的必然选择。

（2）多措并举保障能源供应安全。2023 年《能源工作指导意见》提出"坚持把能源保供稳价放在首位"。2023 年能源行业立足我国能源禀赋，持续加强国内能源资源勘探开发和增储上产，积极保障能源供应稳定。一方面，我国重视传统能源的基础保障作用。2023 年规上工业原煤产量 46.6 亿 t，同比增长 2.9%，煤炭优势产能释放叠加进口快速增长，供需紧张形势得到有效扭转。保价政策方面，我国继续健全能源中长期合同制度，电煤长协的定价基准及调整机制基本保持不变，长协签约、履约监管进一步增强。油气增储上产成效显著，全年原油产量站稳 2 亿 t，连续 6 年保持增长；天然气产量 2353 亿 m^3、同比增长 5.8%，连续 7 年增产超百亿 m^3，提前达到《"十四五"现代能源体系规划》发展目标。另一方面，我国提升非化石能源替代能力，可再生能源发电实现新突破。2023 年我国清洁能源发电 3.2 万亿 kWh，同比增长 7.8%，占总发电量比重达到 34.3%；其中光伏和风力发电共 1.5 万亿 kWh，增长 23.5%，风光发电量占全社会用电量比重突破 15%，可再生能源成为保障能源供应的新力量。

在全球能源市场波动加剧、地缘政治风险上升的背景下，2024 年《能源工作指导意见》对首要任务作出调整，提出"坚持把保障国家能源安全放在首位"。保障国家能源安全意味着确保能源的稳定供应、价格的合理可控以及能源系统的安全稳定运行，是在 2023 年保供稳价原则的基础上提出的更高要求。现阶段我国能源安全的主要任务有三个：一是化石能源的兜底保障作用还需增强；二是非化石能源安全可靠替代能力还需提升；三是能源系统预警、监测、调控水平有待加强。能源安全任务的实现需要能源行业统筹发展和安全，处理好新能源与传统能源、全局与局部、能源开发和节约利用等关系，最终加快新型能源体系建设，为中国式现代化提供安全可靠的能源保障。

（3）**能源投资消费快速增长**。2023 年能源产业现代化升级、清洁能源产业发展壮大、能源稳投资促增长等工作稳步推进，有效促进国内投资消费需求。能源投资方面，全年在建和年内拟开工能源重点项目完成投资额约 2.8 万亿元，常规项目和新业态项目完成投资额同比分别增长 16.0% 和 152.8%。其中新能源投资增势强劲，新能源完成投资额同比增长超 34.0%，河北、云南、新疆 3 个省份的集中式光伏完成投资额同比增速均超 100%。我国在全球可再生能源新增装机中贡献率超过 50%，已成为世界清洁能源发展不可或缺的力量。能源消费方面，2023 年我国能源消费回升、结构持续优化，全社会能源消费总量达到 57.2 亿吨标准煤，同比增长 5.7%；非化石能源占能源消费总量的比重稳步提升，提高 0.2 个百分点至 26.4%；煤炭比重下降 0.7 个百分点至 55.3%，石油上升 0.4 个百分点至 18.3%，天然气上升 0.1 个百分点至 8.6%。

（4）**能源行业数字化智能化发展加快**。2023 年 3 月，国家能源局发布《关于加快推进能源数字化智能化发展的若干意见》（国能发科技〔2023〕27 号），强调针对电力、煤炭、油气等行业数字化智能化转型发展需求，以数字化智能化技术带动煤炭安全高效生产、油气绿色低碳开发和新型电力系统建设。文件提出要建立健全煤矿智能化标准体系，大力支持煤矿智能化建设，稳步有序推进核电数字化转型发展，积极开展电厂、电网、油气田、油气管网、终端用能等领域设备设施、工艺流程的智能化建设，促进源网荷互动、多能协同互补。作为国家能源局首份基于数字化、智能化维度的能源转型升级路线图，该文件有利于推动数字中国战略在能源领域的落地、统筹能源保供与双碳目标达成。

（5）**能源营商环境持续优化**。2023 年以来，政府部门采取了多方面行动优化能源行业营商环境，市场活力得到持续激发。一是促投资，大力支持民营企业参与能源领域投资。2023 年 7 月，国务院发布《中共中央国务院关于促进民营经济发展壮大的意见》（国务院公报 2023 年第 22 号），明确支持民营企业参与推进碳达峰碳中和，提供减碳技术和服务，加大可再生能源发电和储能等领域投资力度，参与碳排放权、用能权交易，为进一步激活能源领域民营经济提供了指导。二是强服务，全面提升"获得电力"服务水平。2023 年，国家能源局全面推进用电报装"三零""三省"服务、资质许可证照电子化数字化应用、许可告知承诺制等举措，"三零""三省"服务为电力用户节省办电投资累计超过 2000 亿元。三是强监管，加大行政执法力度。2023 年 5 月，国家能源局开展电力领域综合监管和调节性电源综合监管，发现问题 1294 个，严肃查处一批严重违反国家能源规划政策、阻碍电力市场建设等方面的问题。持续深化改革、优化营商环境有助于强化能源要素保障，实现能源行业高质量发展。

1.3.2　电力行业形势

（1）全年电力供需紧平衡。2023 年，工业、服务业复苏驱动用电量增速提升，全社会用电量首次突破 9 万亿 kWh，同比增长 6.7%，高于 GDP 增速。由于制造业和基建投资稳定电力消费基本盘、新兴业态拉动第三产业用电增速、能源消费结构升级下电力占比上升等因素，2020 年以来我国能源电力需求快速增长，用电量增速高于经济增速，电力供需形势偏紧。2023 年虽然保供稳价形势总体平稳，但存在区域性、时段性用电矛盾突出的问题。年初，受来水偏枯、电煤供应紧张、用电负荷增长等因素叠加影响，云南、贵州、蒙西等少数省级电网在部分时段电力供需形势较为紧张。2023 年夏季全国遭遇高温影响，水电降幅一度超过 20%，煤电兜底保供作用显著。但相比往年，中部和南方气温普遍同比下降，叠加 8 月来水情况好转、水电出力支撑增强，迎峰度夏期间全国电力供需形势总体平衡。冬季多地出现大范围强寒潮、强雨雪天气，全国近十个省级电网电力供需形势偏紧，部分省级电网通过需求侧响应等措施，保障了电力系统安全稳定运行。总体来看，2023 年煤电总装机占比已首次降至 40%以下，但发电量占比 57.9%，仍然是主力供应电源。考虑到新能源装机占比快速增长但发电贡献率有待提升、极端天气带来不确定性等因素，未来电力供需形势仍然偏紧。

（2）加速建设新型电力系统。2023 年 6 月，国家能源局发布《新型电力系统发展蓝皮书》，全面阐述新型电力系统的发展理念和内涵特征，提出构建新型电力系统的总体架构和重点任务。作为我国官方发布的首部关于新型电力系统建设文件，《蓝皮书》以 2030 年、2045 年、2060 年为时间节点制定"三步走"发展路径，为新型电力系统的建设明确了道路。2023 年 7 月，中央全面深化改革委员会第二次会议审议通过《关于深化电力体制改革加快构建新型电力系统的指导意见》，强调要深化电力体制改革，明确要建设清洁低碳、安全充裕、经济高效、供需协同、灵活智能的新型电力系统。构建新型电力系统是建设新型能源体系、服务碳达峰碳中和的重要载体，相关顶层设计有助于推动能源电力在激发新质生产力、推进新型工业化进程中发挥更大作用。

2023 年，国家电网和南方电网贯彻落实党中央决策部署，积极推动新型电力系统建设实践。国家电网全年安排电网投资超过 5300 亿元，组织成立新型电力系统技术创新联盟，紧紧围绕"气候弹性强、安全韧性强、调节柔性强、保障能力强"，统筹推进数智化坚强电网建设。南方电网提出以数字化绿色化协同（"两化协同"）促进新型电力系统和新型能源体系建设（"两型建设"）的实施路径，取得了阶段性成果。2023 年 1—9 月，广东、广西、云南、贵州、海南南方五省区新增非化石能源装机 2394 万 kW，占新增总装机的 81.5%，高于我国平均水平近 10 个百分点，南方五省区清洁电源供给格局基本形成。

（3）全国统一电力市场建设取得积极成效。2023 年，我国电力市场建设取得了显著成效。一是市场化交易电量持续上升。2023 年全国电力市场交易电量 5.7 万亿 kWh，同比增长 7.9%，占全社会用电量比例 61.4%，相比去年提高 0.6 个百分点。二是多层次电力市场体系有效运行。电力中长期交易已在全国范围内常态化运行，中长期交易电量占市场化电量比重超 90%。三是电力市场机制在保供应、促转型方面发挥积极作用。在迎峰度夏、迎峰度冬电力保供关键时期，跨省跨区市场化交易机制平稳运行，省间现货市场调剂余缺，对省间电力支援、互济保供发挥了积极作用。

（4）**电力价格体系持续完善**。在电网侧，为进一步深化输配电价改革、更好保障电力安全稳定供应，2023 年 5 月，国家发展改革委发布《关于第三监管周期省级电网输配电价及有关事项的通知》（发改价格〔2023〕526 号），通过实现输配电价和"购销价差"的脱钩，进一步理顺输配电价结构，从多方面进一步健全了输配电价监管体系。在储能侧，2023 年 5 月，国家发展改革委发布《关于抽水蓄能电站容量电价及有关事项的通知》（发改价格〔2023〕533 号），核定在运及 2025 年底前拟投运的 48 座抽水蓄能电站容量电价并自 2023 年 6 月起执行，标志着抽水蓄能电站多种电价机制并存的局面结束，两部制电价已经成为中国抽水蓄能的基本电价机制。在电源侧，2023 年 11 月，国家发展改革委、国家能源局联合印发《关于建立煤电容量电价机制的通知》（发改价格〔2023〕1501 号），明确自 2024 年 1 月 1 日起建立煤电容量电价机制。其中，电量电价通过市场化方式形成，灵敏反映电力市场供需、燃料成本变化等情况；容量电价水平根据转型进度等实际情况合理确定并逐步调整，充分体现煤电对电力系统的支撑调节价值。"两部制"电价的出台有利于推动煤电向基础保障性和系统调节性电源并重转型，充分发挥煤电支撑调节作用，保障中长期发电容量的充裕性，助力能源转型和电改纵深推进。

（5）**电力现货市场建设全面提速**。2023 年 9 月，国家发展改革委、能源局印发《电力现货市场基本规则（试行）》，这是我国首个电力现货市场基本规则，标志着电力现货市场已从试点探索过渡到全面统一推进阶段。2023 年 10 月，国家发展改革委、能源局发布《关于进一步加快电力现货市场建设工作的通知》（发改办体改〔2023〕813 号），要求其他地区（除西藏外）加快推进市场建设，力争在 2023 年底前具备结算试运行条件。《通知》系统性针对现阶段各地市场建设遇到的困难给出答案，明确了电力现货市场建设的必要性和下阶段建设任务，有助于破除阻碍现货市场建设过程中的堵点、充分释放电力体制改革红利。截至 2023 年底，全国共有 29 个地区开展电力现货市场（试）运行，建设覆盖范围空前。

（6）**电力辅助服务市场机制不断健全**。近年来，各地推进电力辅助服务市场建设，建立调峰、调频、备用等辅助服务市场机制，对保障电能质量和电力系统安全稳定运行、促进新能源消纳发挥了积极作用。2023 年，电力辅助服务机制挖掘系统调节能力超 1.17 亿 kW，年均促进清洁能源增发电量超 1200 亿 kWh。2023 年上半年，全国电力辅助服务费用共 278 亿元，占上网电费 1.9%，较 2019 年同期 130 亿元的费用翻了一番，辅助服务市场参与主体积极性持续提升。2024 年 2 月，国家发展改革委、国家能源局印发《关于建立健全电力辅助服务市场价格机制的通知》（发改价格〔2024〕196 号），自 2024 年 3 月 1 日起实施。《通知》明确电力辅助服务市场是电力市场体系的重要组成部分，在辅助服务市场定位、交易及价格机制的统一、适应新型电力系统的新能源消纳机制、需求确定及费用传导等方面作出细致要求；并且对辅助服务交易机制、计价公式和核心参数给出统一标准，建立了科学的辅助服务费用传导机制，有助于促进市场对电力资源优化配置作用的更好发挥，实现辅助服务相关机制间的流畅协同，更好推动新型电力系统建设。

（7）可再生能源电力市场交易格局逐步完善。我国能源领域已基本形成绿电交易、绿证交易及碳市场交易三种机制并行的可再生能源电力市场交易格局。绿电交易方面，2023 年 2 月国家发展改革委、财政部、国家能源局印发《关于享受中央政府补贴的绿电项目参与绿电交易有关事项的通知》（发改体改〔2023〕75 号），提出由国家保障性收购的绿色电力可统一参加绿电交易或绿证交易，进一步完善绿电交易机制和政策。绿证交易方面，2023 年 8 月国家发展改革委、财政部、国家能源局印发《关于做好可再生能源绿色电力证书全覆盖工作促进可再生能源电力消费的通知》（发改能源〔2023〕1044 号），要求对全国已建档立卡的可再生能源发电项目所生产的全部电量核发绿证，实现绿证核发全覆盖。碳市场交易方面，2023 年 10 月，生态环境部重新发布《温室气体自愿减排交易管理办法（试行）》及首批四个新方法学，形成了保障交易市场有序运行的基础性制度，并于 2024 年 1 月正式启动全国温室气体自愿减排（CCER）交易市场。CCER 重启有望通过市场手段进一步激发社会减排潜力，推动碳资产开发进入新一轮红利期。总体来看，随着我国在绿证、绿电、碳市场领域不断出台相关政策、构建"证—电—碳"协调运行的考核机制，我国可再生能源电力市场交易格局逐步完善、交易规模快速提升，有助于支撑我国绿电消费水平持续提升、全面绿色转型步伐不断加快。

（8）保障性收购制度下电网的新能源消纳要求降低。2024 年 3 月，国家发展改革委公布《全额保障性收购可再生能源电量监管办法》，将于 2024 年 4 月 1 日起施行。《办法》是对 2007 年出台的《电网企业全额收购可再生能源电量监管办法》的修订完善，从全额保障性收购监管范围、监管内容、监管方式、行政处罚等方面，对通过监管手段提升可再生能源消纳保障水平提出明确要求。可再生能源电量将分为保障性收购电量和市场交易电量，保障性收购电量部分由电网组织电力市场相关成员确保予以消纳，市场交易电量部分通过市场化方式形成价格，由售电企业和电力用户等电力市场相关成员共同承担收购责任。这是适应可再生能源电量占比大幅提升的新形势，推动可再生能源进一步高质量发展的重要措施，有助于推动可再生能源参与市场交易，实现自愿大范围优化配置和消纳，对助力能源绿色低碳转型、支撑"双碳"目标落实具有重大意义。

第 2 章

火电投资及发展形势分析

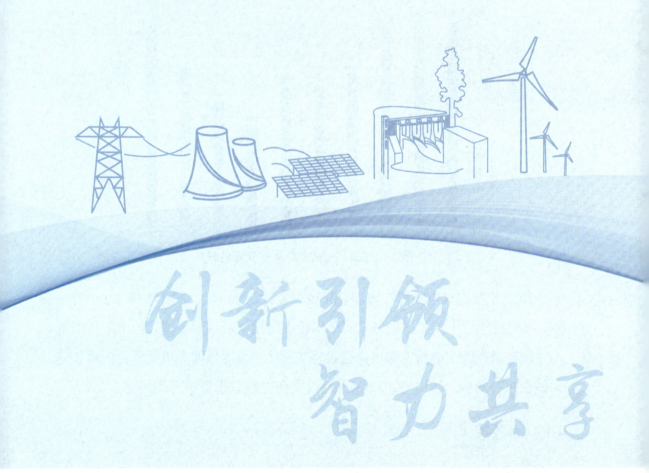

2.1 火电投资情况

2.1.1 投资规模

2023 年我国火电投资 1124 亿元，同比上升 229 亿元，同比增幅为 25.6%，延续了 2021 年以来的投资快速反弹的势头，但投资增量与增速均较前两年有所回落。2014—2023 年间我国火电投资总体呈"V"型变化趋势，在最低点的 2020 年下降到峰值一半左右，随后迅速回升，在 2023 年再次突破 1000 亿的规模。2014—2023 年火电投资规模如图 2-1 所示。

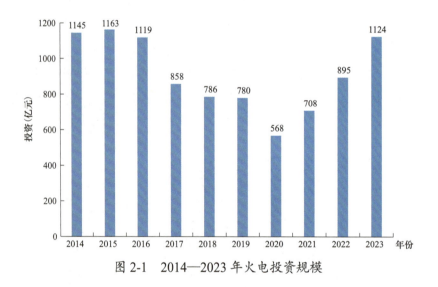

图 2-1　2014—2023 年火电投资规模

2023 年我国火电投资在电源总投资中占比为 11.0%，同比下降 1.0 个百分点，稳定处于近十年来的较低水平。尽管火电投资额快速反弹，但由于新型电力系统对风光为主的新能源电源建设需求更大，因此预期火电投资占比将长期保持在相对低位。2014—2023 年火电投资在电源总投资中占比如图 2-2 所示。

2.1.2 成本情况

火电成本是影响行业投资吸引力的重要因素。当前我国火电发电量仍以燃

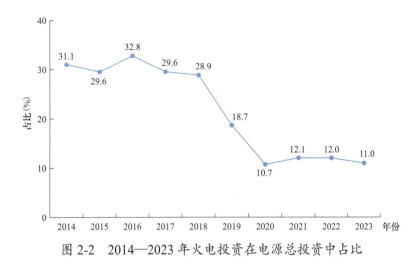

图 2-2　2014—2023 年火电投资在电源总投资中占比

煤为绝对主体，而电煤采购成本在煤电总成本中占比达 60%-70%，电煤价格对火电企业的重要性不言而喻。因此本报告重点分析电煤采购成本。

国内电煤的供应与定价越来越注重发挥中长期合同的作用，而"西煤东运""北煤南运""铁水联运"是中国煤炭跨区调运的重要特征，动力煤下水价格在我国煤炭定价体系中具有重要地位。全国煤炭交易中心是煤炭中长期合同签约的国家级煤炭交易平台，其发布的国煤下水动力煤价格指数（NCEI）是煤炭中长期合同浮动价定价的三个参考指数之一。考虑数据的权威性和连续性，本报告采用 NCEI 指数作为电煤价格分析参考依据。2023 年 1 月—2024 年 6 月的 NCEI 综合指数和中长期合同价格如图 2-3 所示❶。

2023 年，国内煤炭中长期合同价格稳中有降，NCEI 动力煤中长期合同（5500kcal 下水煤）全年均价为 714 元/t，同比下降 8 元/t，年内峰谷差约 30 元/t，发挥了市场"稳定器"的作用；市场现货价格呈现"V"型波动且整体下降，年初维持在高位水平，二季度随着各地供暖期结束快速下跌至年内低点，三季度以后再度反弹，以环渤海港口 5500 大卡动力煤现货市场为例，全年均价 971 元/t，同比下降 324 元/t。进入 2024 年之后，煤炭价格再度下行，煤电企业的燃料成本压力有望进一步缓解。

---

❶　综合指数以现货价格、中长期合同价格等不同交易类型的煤炭价格进行加权平均，其中中长期合同的权重不低于 0.72，结合政策文件与履约情况及时调整。

图 2-3　国煤下水动力煤价格指数（NCEI）

2.1.3　投资政策环境

火电的发展定位和路径在新型电力系统的顶层设计文件中获得明确，坚定向基础保障性和系统调节性电源并重转型，近期项目核准与建设推进的支持力度仍然很高。煤炭供需关系趋于平衡，电煤管控适当调整给市场留出更多空间，长协方案的灵活性有所增强。煤电价格机制迎来历史性变革，容量电价回收固定成本、电量电价回收变动成本、辅助服务回收调节成本的新机制初步成型，更好适配现实转型需要，强化投资回报预期。

（1）火电发展定位与路径明确，项目核准与建设推进继续获得积极支持。2023年6月，国家能源局发布《新型电力系统发展蓝皮书》，指出我国以煤为主的能源资源禀赋决定了较长时间内煤炭在能源供给结构中仍将占较高比例，煤电在未来相当长一段时间内仍是我国电力供应安全的重要支撑，需要推动化石能源发电逐步向基础保障性和系统调节性电源并重转型。2030年前煤电装机和发电量仍将适度增长，并重点围绕送端大型新能源基地、主要负荷中心、电网重要节点等区域统筹优化布局。同时在落实气源的前提下，因地制宜建设天然气调峰电站。

2024年3月，国家能源局印发的《2024年能源工作指导意见》（国能发规划〔2024〕22号）承接了《蓝皮书》的要求，提出推动煤炭、煤电一体化联营，合理布局支撑性调节性煤电，加快电力供应压力较大省份已纳规煤电项目建设，力争尽早投产，在气源有保障、气价可承受、调峰需求大的地区合理规划建设调峰气电。相对 2023 年指导意见所提 "加快建设具备条件的支撑性调节性电源，开工投产一批煤电项目" 目标，新一年的表述更为细致。

各地政府以加强报批项目核准、纳入重点项目清单管控等方式积极推动火电建设发展。据不完全统计，2023 年全年国内火电装机核准量约为 78GW，较 2022 年略有降低，但仍处在 "十三五" 以来的高位水平。在山东、甘肃、江苏、山西等 18 个省份发布的 2024 年重点项目名单中，重点火电项目共计有 206 个，总计装机超过 2 亿 kW，其中广东、贵州、浙江、江苏、山东、安徽项目数量较多，广东更是超过 50 个。

（2）煤炭供应优先满足发电需要，电煤长协管控更灵活务实。2023 年 6 月，国家发展改革委、工业和信息化部、自然资源部等六部门联合印发《关于推动现代煤化工产业健康发展的通知》（发改产业〔2023〕773 号），要求确需新建的现代煤化工项目，应确保煤炭供应稳定，优先完成国家明确的发电供热用煤保供任务，不得通过减少保供煤用于现代煤化工项目建设。

2023 年 11 月，国家发展改革委发布《关于做好 2024 年电煤中长期合同签订履约工作的通知》（发改办运行〔2023〕870 号），相比 2023 年的管理要求，将需求方范围缩小且签约量要求有所降低，季度、月度履约率调节空间变大。需求方由 "所有发电、供热用煤企业" 收缩为 "统调公用电厂以及承担居民供暖任务的相关电厂"，即不再将工业供热及自备电厂纳入长协签订范围，有利于电厂用煤的精确保供。电厂签约量要求不低于本企业国内耗煤量的 80%，相较 2023 年要求的 105% 下降了 25 个百分点。履约率方面仅要求年度履约率达 100%，季度大于等于 90%，月度大于等于 80% 即可。

（3）推出煤电容量电价机制稳预期，辅助服务交易和定价更规范。2023 年 11 月，国家发展改革委、国家能源局印发《关于建立煤电容量电价机制的通知》（发改价格〔2023〕1501 号），2024 年 1 月 1 日起执行煤电容量电价机制，适用于合规在运的公用煤电机组。煤电容量电价按照回收煤电机组一定比例固定成本的方式确定。其中，用于计算容量电价的煤电机组固定成本实行全国统一标准，为每年每千瓦 330 元；通过容量电价回收的固定成本比例，综合考虑各地电力系统需要、煤电功能转型情况等因素确定，2024—2025 年多数地方为 30%左右，部分煤电功能转型较快的地方适当高一些，为 50%左右；2026 年起，将各地通过容量电价回收固定成本的比例提升至不低于 50%。早于 2019 年国家发展改革委印发的《关于深化燃煤发电上网电价形成机制改革的指导意见》（发改价格规〔2019〕1658 号）即提出确立与煤电新定位相一致的"容量补偿机制"，明确部分省份"可建立容量补偿机制，容量电价和电量电价通过市场化方式形成"。此后，山东、广东、云南等省份率先建立煤电调节容量市场，直至此次全国性的煤电容量电价政策出台，采用明确预期、逐步提高的方式，释放清晰明确的信号，稳定煤电行业预期、给企业吃下"定心丸"。

2024 年 2 月，国家发展改革委、国家能源局印发《关于建立健全电力辅助服务市场价格机制的通知》（发改价格〔2024〕196 号），于 2024 年 3 月 1 日起实施。该政策旨在完善调峰、调频和备用等电力辅助服务的交易和价格机制，明确计价规则，并规范费用传导。2023 年上半年，全国电力辅助服务费用达 278 亿元，其中火电企业获得的服务费占比高达 91.4%，显示出其在辅助服务领域的主导地位。随着辅助服务细则的逐步落地，辅助服务规模有望进一步扩大，有助于火电运营的稳定性持续增长。

2.2　火电供应情况

2023 年火电装机容量与发电量的增长再度提速，利用小时数也同比有所回升。虽然火电在总量中的装机占比仍然继续下滑，但发电量占比已暂时企稳，以占比不足一半的火电装机贡献了全年近三分之二的发电量，充分体现了火电在电力系统中兜底保供的重要作用。

2.2.1　装机容量

（1）新增装机容量。2023 年火电新增装机容量 6610 万 kW，同比增加

2042 万 kW，恢复至近十年的峰值水平。火电投资的持续增长开始转化为实际装机的增长，新增装机容量扭转了 2021 年以来的下滑势头，同比大幅提升 44.7%，为过去十年的最高增速。2014—2023 年火电新增装机容量如图 2-4 所示。

图 2-4　2014—2023 年火电新增装机容量

（2）装机容量。

1）火电装机发展现状及趋势。2023 年火电装机容量为 13.9 亿 kW，呈现出两个特征：①燃煤机组装机仍是火电装机的绝对主力，但占比逐渐降低，2023 年燃煤机组装机容量占比为 83.7%，同比下降 0.6 个百分点；②天然气发电机组装机增长较快，在火电总装机容量占比上升至 9.1%。2014—2023 年火电装机容量如图 2-5 所示。

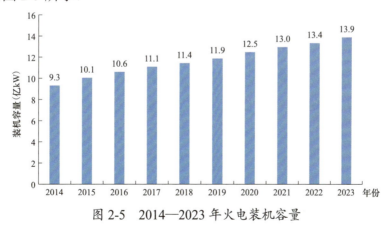

图 2-5　2014—2023 年火电装机容量

2）火电装机容量在电源总装机容量中占比。2023 年火电装机容量在电源总装机容量占比跌至 47.6%，同比降低 4.5 个百分点，首次跌破 50% 大关。近十年我国火电装机容量占比持续逐年降低，2023 年由于光伏和风电的历史性大规模投产，火电占比下降进一步加速，降幅为过去十年之最。2014—2023 年火电装机容量在我国电源总装机容量中占比如图 2-6 所示。

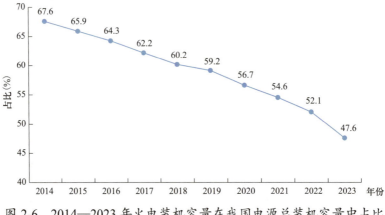

图 2-6　2014—2023 年火电装机容量在我国电源总装机容量中占比

（3）2023 年各省火电装机容量。2023 年全国火电装机前四省份为内蒙古、山东、广东、江苏，均超过 1 亿 kW 装机规模，分别达到 11 829、11 798、11 629 和 10 748 万 kW，与其他省份拉开明显差距。火电装机在区域分布上较为集中，内蒙古、山东、广东、江苏、山西、河南和新疆七省累计装机 6.9 亿 kW，占全国火电总装机容量的 49.4%。装机容量同比增长前三省区为内蒙古（1326 万 kW）、广东（979 万 kW）、陕西（596 万 kW）。内蒙古反超了此前连续多年火电装机容量排名第一的山东，首次登顶。内蒙古与广东的断崖式领先分别体现了当前电力发展两类典型地区的特点，前者是新能源大基地的开发，后者是用电需求快速增长，当前都离不开火电调节与支撑作用。云南是唯一一个装机容量明显下降的省区，同比减少了 119 万 kW。2023 年各省装机容量具体如图 2-7 所示。

2.2.2　发电量

（1）火电发电量现状及发展趋势。2023 年火电发电量达到 62 657 亿 kWh，同比增长 5207 亿 kWh，同比增速为 9.1%。发电量在 2022 年增速放缓后再度提速，首次突破超过 6 万亿 kWh。

近十年来我国火电发电量整体上平稳增长，由 2014 年 43 030 亿 kWh 增至 2023 年 62 657 亿 kWh，年均增速 4.3%，发电结构方面，燃煤发电量占比在 2023 年继续降低至 88.2%，连续五年降低但仍占据绝对主体地位。2014—2023 年火电装机容量如图 2-8 所示。

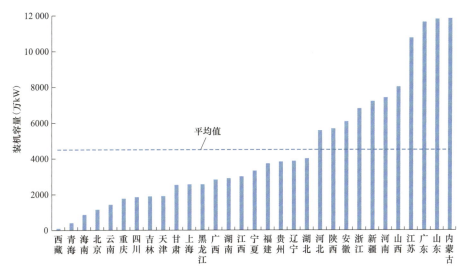

图 2-7　2023 年各省火电装机容量

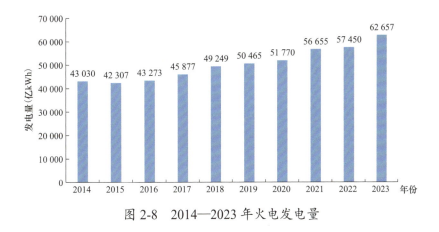

图 2-8　2014—2023 年火电发电量

（2）火电发电量在全国发电总量中占比。随着我国能源结构朝向低碳清洁转型，火电发电量在全国发电总量中占比呈逐年降低态势，但 2023 年在水电发电量显著下降的背景下，火电充分发挥对电力保供的支撑作用，发电量占比为 66.3%，同比上升 0.3 个百分点，是自 2012 年以来的首度回升。2014—2023 年火电发电量在全国发电总量中占比如图 2-9 所示。

（3）2023 年各省火电发电量情况。2023 年内蒙古、山东、江苏和广东火电发电量居全国前四，均超过 4000 亿 kWh，与其他省份拉开明显差距，其中与发电装机的情况一样，内蒙古超越山东首次登顶。火电发电量在区域分布上也较为集中，内蒙古、山东、江苏、广东、新疆、山西、浙江七省份发电量总和达 31 216 亿 kWh，占全国火电总发电量的 51.2%。各省火电发电量具体如图 2-10 所示。其中火电发电大省里面，除山东同比小幅下降 34 亿 kWh 之外，其余省区均上升超过 100 亿 kWh，内蒙古、广东的涨幅更是分别高达 761、499 亿 kWh，凸显火电的兜底保供作用。

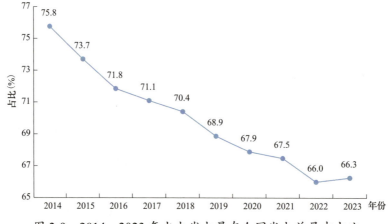

图 2-9　2014—2023 年火电发电量在全国发电总量中占比

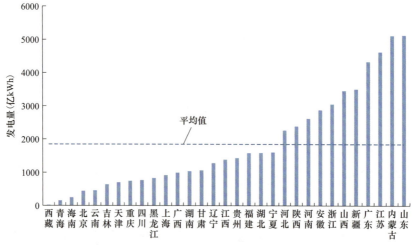

图 2-10　2023 年各省火电发电量

2.2.3　发电设备利用小时

（1）全国火电发电设备利用小时情况。2023 年 6000kW 及以上电厂火电发电设备利用小时为 4466h，同比增长 76h，同比增幅 1.7%，实现 2015 年以来的最高利用率。2014—2023 年 6000kW 及以上电厂火电发电设备利用小时如图 2-11 所示。

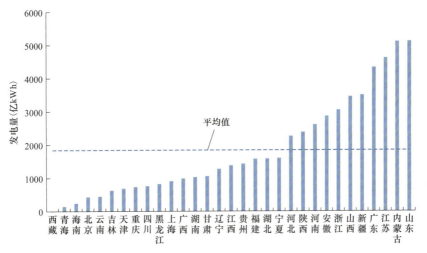

图 2-11　2014—2023 年 6000kW 及以上电厂火电发电设备利用小时

（2）2023 年各省火电设备利用小时情况。2023 年，除西藏以外，其余省区 6000kW 及以上电厂火电发电利用小时数在 3200～5400h 之间。各省 6000kW 及以上电厂火电发电利用小时具体如图 2-12 所示。其中新疆是唯一一个连续四年超过 5000h 的省区，火电机组利用率最为理想；水电大省云南因为来水偏枯，加大了火电资源的调配，火电发电利用小时同比大幅增长 1611h。

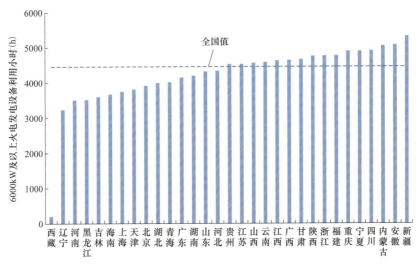

图 2-12　2023 年各省 6000kW 及以上火电发电设备利用小时

2.3 火电盈利情况

2023 年受煤价回落、利用小时数上升等利好影响，火电盈利能力大幅改善，火电企业自 2021 年以来首度整体扭亏为盈。

（1）火电企业主要财务指标表现。火电盈利情况通过华能国际、大唐发电等 31 家上市火电企业主要财务指标反映，具体指标包括毛利率、净利率、净资产收益率和资产负债率等四项。虽然全年煤价有所波动，但平均价格同比下降，火电企业成本端压力显著缓解；同时发电设备利用小时走高，在收入端带来了更多的售电收益。因此，各项主要财务指标均明显改善，特别是净利率与净资产收益率相比 2021、2022 年实现由负转正，重回盈亏平衡点之上。主要财务指标如表 2-1 所示。

预期煤炭价格中枢区间近期仍将下行，同时煤电容量电价的实施可带来稳定收益，2024 年火电上市企业财务指标有望继续向好发展，实现更优的盈利水平。

表 2-1　　　　2014—2023 年火电上市公司主要财务指标　　　　单位：%

指标＼年份	2014	2015	2016	2017	2018	2019	2020	2021	2022	2023
毛利率	26.3	29.2	23.3	12.7	13.4	15.8	17.9	1.3	6.3	12.7
净利率	12.0	13.9	10.0	2.5	3.7	5.0	7.6	−5.4	−0.6	5.3
净资产收益率	14.0	13.3	7.6	2.5	4.2	5.1	6.8	−6.3	−1.1	7.1
资产负债率	69.5	67.5	66.7	68.9	67.9	64.8	62.3	68.5	69.6	67.1

（2）煤与电间的"跷跷板"规律。煤电一直是火电的绝对主体，其中燃煤成本占煤电总成本比例达 60%～70%；而煤电企业又是煤炭的主要下游用户，以 2023 年为例，发电行业商品煤消费量在全国商品煤中占比 59.1%，而且发电用煤的同比增速 11.5% 要高于全国商品煤增速 7.5%。因此火电与煤

炭行业的总体运营盈利水平存在强烈的关联性,多年以来存在着周期性的"跷跷板"现象,即收益率指标大致呈现出此起彼落的规律。煤炭企业盈利情况通过中国神华、陕西煤业等 18 家上市煤炭开采企业主要财务指标反映,2014—2023 年煤炭上市公司主要财务指标如表 2-2 所示。随着煤价的回落,2023 年煤炭企业的盈利相对 2022 年有所下降,但财务指标表现仍处于过去十年来的较好水平。

表 2-2   2014—2023 年煤炭上市公司主要财务指标   单位:%

指标 \ 年份	2014	2015	2016	2017	2018	2019	2020	2021	2022	2023
毛利率	26.2	26.4	28.6	33.8	33.4	29.8	26.8	30.4	35.6	33.2
净利率	9.0	2.1	7.6	14.2	13.6	12.4	10.9	15.6	20.0	17.3
净资产收益率	7.6	0.2	5.1	12.9	12.4	11.9	10.6	17.3	22.5	16.6
资产负债率	47.5	50.8	48.1	47.3	45.8	43.8	45.3	45.4	42.0	42.4

火电企业和煤炭企业的效益指标变动趋势对比如图 2-13 所示。2021 年底《关于进一步深化燃煤发电上网电价市场化改革的通知》(发改价格〔2021〕1439 号)出台放宽燃煤发电量市场化交易价格上下浮动区间后,改善了火电成本的疏导能力,2022 年少有地出现了火电与煤炭行业平均业绩同向波动的情况。随着煤电价格达到新的稳定水平,2023 年再度恢复到此起彼落的状态。

图 2-13   2014—2023 年火电企业和煤炭企业净资产收益率变动趋势对比

2.4　火电发展前景展望

（1）投资趋势。未来三年，稳住煤电电力供应基本盘的导向不变，火电投资规模将保持高位水平，但呈现稳中有降的变化。主要原因如下：①在宏观层面，《新型电力系统发展蓝皮书》指出煤电在未来相当长一段时间内仍是我国电力供应安全的重要支撑，2030 年前煤电装机和发电量仍将适度增长，存在可观规模的投资空间。②在系统层面，电力负荷中心与电网重要节点需要合理部署火电机组作为本地支撑电源，送端大型风光基地及周边也需要适配火电机组为输送新能源提供支撑和调节，通过发挥火电的支撑性、调节性作用，有力推动新型能源体系与新型电力系统建设。③在项目层面，2022、2023 年火电项目核准规模处于高位水平，《2024 年能源工作指导意见》也提出了加快电力供应压力较大省份已纳规煤电项目建设的目标，考虑煤电项目建设周期一般为两年左右，已核准和正在建设的项目投资将在近两年释放，但 2025 年及以后核准可能有所放缓，2026 年的火电投资将有所回落。

预计 2024 年火电投资将保持在 1100 亿元左右的水平，2025 年小幅下降。

（2）电煤价格。未来三年，电煤供需形势继续改善，电煤价格小幅下降后保持平稳。主要原因如下：①国内煤炭增产保供总基调不变，继续保持煤炭产能合理裕度，推动已核准项目尽快开工建设，在建煤矿项目尽早投产达产。②煤炭供应仍以电煤为重，如规定不得通过减少发电等保供煤用于现代煤化工项目建设，电煤中长期合同管控聚焦统调公用电厂以及承担居民供暖任务的相关电厂。③国际煤炭价格显著回落，国内煤炭进口放量明显，成为煤炭供应的有益补充。

预计 NCEI 动力煤中长期合同均价在 2024 年下降至 700 元/t 左右，2025 年保持平稳。

（3）供应形势。未来三年，火电供应规模保持增长，供应占比继续下降，其中发电量占比的下降要慢于装机容量占比的下降。主要原因如下：①已核准和正在建设的项目规模庞大，各级政府加强管控争取项目按期投产，新增装机容量将保持在高位。②全社会用电量的持续增长意味着更高的电力供应需求，但极端天气频发影响水电、风电、光伏发电的供应，稳定性强的火电发电在现阶段仍需作为电量供应主体、承担保供作用，但各类电源的大规模增长可能会摊薄火电的设备利用率。③以风光为代表的新能源高速发展，但由于它们发电利用小时数低，带来的装机增长效应远大于电量增长效应，因此火电发电量和装机容量占比将保持下降趋势，但发电量占比的下降相对缓慢。

预计在近年火电核准加速和投资回升的共同作用下，2024 年与 2025 年火电的年新增装机容量增长至 8000 万 kW 的规模，发电利用小时数小幅回落。

（4）盈利状况。未来三年，火电盈利状况将进一步提升后步入平稳期。主要原因如下：①煤炭价格有望继续下行一定空间，电煤成本可实现有限度的压减。②燃煤容量电价落地实施为火电企业带来一部分收入增量，但在市场化交易的大环境中电量电价大概率有所下降，最终达到一个新的收入稳定状态。③辅助服务细则的逐步落地助力扩大辅助服务的市场规模，火电作为当前的主要供给方有望从中获益，但未来也将面临新型储能等越来越多的灵活调节资源同场竞技。

预计 2024 年火电企业主要财务指标继续改善，2025 年保持相对平稳。

（5）综合展望。未来三年，稳住煤电电力供应基本盘的导向不变，火电投资规模将保持高位水平，但会稳中有降；电煤供需形势继续改善，电煤价格小幅下降后保持平稳；火电供应规模保持增长，供应占比继续下降，其中发电量占比的下降要慢于装机容量占比的下降；火电盈利状况进一步提升后步入平稳期。

第 3 章

水电投资及发展形势分析

3.1 水电投资情况

3.1.1 投资规模

2023 年我国水电投资 1029 亿元，同比增加 157 亿元，增幅为 18.0%。2023 年，水电投资规模在所有电源中位居第 4 位，低于光伏发电、风电和火电。

2014 年以来，我国水电投资总体呈现波动变化趋势。2014—2016 年投资规模逐年降低，从 2014 年的 943 亿元逐年降低到 2016 年的 617 亿元；2016—2021 年逐年增长，2021 年达到 1173 亿元的峰值；2022 年降低至 872 亿元，2023 年再次超过 1000 亿元。2014—2023 年水电投资规模如图 3-1 所示。

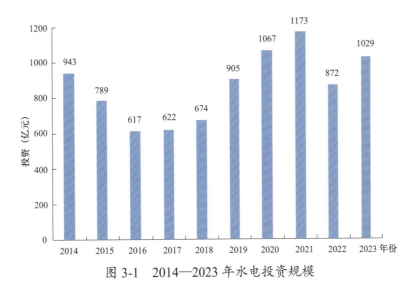

图 3-1 2014—2023 年水电投资规模

2023 年水电投资在电源总投资中占比为 10.1%，同比降低 1.6 个百分点。2014 年以来，水电投资在电源总投资中的占比呈波动下降趋势，从 2014 年的 25.6%降低至 2023 年的 10.1%。2022 年水电投资在电源总投资中的占比降幅最大，从 2021 年的 20.0%降低至 11.7%，降低 8.3 个百分点。水电投资占比大幅降低的主要原因是近年来新能源投资大幅增加。2014—2023 年水电投资在电源总投资中的占比如图 3-2 所示。

图 3-2　2014—2023 年水电投资在电源总投资中的占比

3.1.2　成本情况❶

　　2022 年我国常规水电工程单位造价为 13 825 元/kW，同比增长 12.45%，抽水蓄能电站工程的单位造价为 6069 元/kW，同比增长 8.98%。2013 年以来，我国常规水电工程单位造价整体呈增长趋势。2013—2022 年常规水电工程单位造价成本如图 3-3 所示。

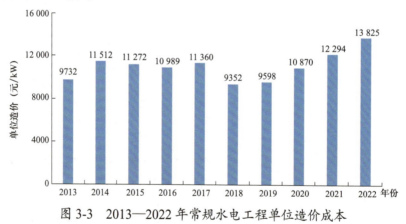

图 3-3　2013—2022 年常规水电工程单位造价成本

3.1.3　重大工程建设情况

　　（1）常规水电。根据公开资料，2023 年开工、在建和投产的大（1）型大

---

❶　2017 年以前造价数据为概算数，2018 年及以后为决算数。由于 2023 年数据尚未公布，按 2013—2022 年数据列出。

常规水电项目包括红水河大藤峡水利枢纽工程电站，澜沧江拖巴水电站、华能西藏某水电站，金沙江叶巴滩水电站、拉哇水电站、旭龙水电站，雅砻江孟底沟水电站，大渡河双江口水电站、硬梁包水电站，黄河玛尔挡水电站、羊曲水电站、李家峡水电站扩机等。其中，红水河大藤峡水利枢纽工程电站全部机组投产，黄河李家峡水电站扩机工程机组投产，澜沧江华能西藏某水电站开工建设。2023 年常规水电投资建设重大里程碑节点包括：

①红水河大藤峡水利枢纽工程电站全部机组投产。2023 年 9 月，国家水网重要骨干工程大藤峡水利枢纽最后一台机组正式投产发电，标志着主体工程完工。大藤峡水利枢纽是集防洪、航运、发电、水资源配置、灌溉等功能于一体的珠江流域关键控制性工程，其中电站总装机 160 万 kW，多年平均发电量 60.55 亿 kWh。

②李家峡水电站扩机工程 5 号机组投产。2023 年 10 月，李家峡水电站装机 40 万 kW 的 5 号机组正式投产发电。至此，我国首次采用双排机布置、也是世界最大双排机布置的李家峡水电站实现 200 万 kW 全容量投产。该电站多年平均发电量 59 亿 kWh。

③澜沧江华能西藏某水电站开工建设。2023 年 5 月末，华能水电发布《关于在西藏地区投资建设水电站项目的公告》，拟在西藏地区投资建设水电站项目。该项目装机容量 260 万 kW，多年平均发电量 112.81 亿 kWh，工程总工期 132 个月。

（2）抽水蓄能。根据公开资料，2023 年核准开工、在建和投产的抽水蓄能电站项目合计 137 座；2023 年投产 8 座，其中全部投产 3 座，部分投产 5 座，详见表 3-1。

表 3-1　　　　　2023 年投产的抽水蓄能电站基本情况

序号	省份	电站名称	装机容量（万 kW）				
			合计	2022 年底在运	2023 年投产	2023 年底在运	2024 年后投产
1	河北	丰宁	360	210	90	300	60

续表

序号	省份	电站名称	装机容量（万 kW）				
			合计	2022 年底在运	2023 年投产	2023 年底在运	2024 年后投产
2	山东	文登	180		180	180	0
3	河南	天池	120		120	120	0
4	福建	永泰	120	90	30	120	0
5	福建	厦门	140	35	35	35	105
6	新疆	阜康	120		30	30	90
7	辽宁	清原	180		30	30	150
8	重庆	蟠龙	120		30	30	90
合计			1340	300	545	845	495

3.1.4 投资政策环境

（1）常规水电。2023 年和 2024 年第一季度，常规水电重要投资政策指引体现在《新型电力系统发展蓝皮书》和年度《能源工作指导意见》等相关文件。

2023 年 4 月，国家能源局《2023 年能源工作指导意见》指出：积极推进核电水电项目建设。核准建设雅砻江牙根一级，金沙江上游昌波等水电站项目。推动主要流域水风光一体化规划，建设雅砻江、金沙江上游等流域水风光一体化示范基地。制定长江流域水电生态化开发方案，有序开发长江流域大中型水电项目。2024 年国家能源局《2024 年能源工作指导意见》指出：稳步推进水电核电开发建设。编制主要流域水风光一体化基地规划，制定长江流域水电开发建设方案。有序推进重大水电工程前期工作。与 2023 年相比，2024 年能源工作指导意见中水电项目建设从积极推进转为稳步推进，更侧重水电的前期规划和项目前期工作。

2023 年 6 月，国家能源局组织发布《新型电力系统发展蓝皮书》，提出：统筹绿色与安全，推动保障性支撑电源建设，积极发展常规水电、核电；科学有序安排新增电源装机规模、结构和布局，充分发挥水、核、风、光、煤、气

等多能互补优势；统筹水电开发和生态保护，稳妥推动西南地区主要流域可再
生能源一体化基地建设，实现水电、风电、光伏发电、储能一体化规划研究、
开发建设与电力消纳。

2023 年 8 月，国家发展改革委、财政部、国家能源局联合印发《关于做好
可再生能源绿色电力证书全覆盖工作促进可再生能源电力消费的通知》，通知
要求对已建档立卡的可再生能源发电项目所生产的全部电量核发绿证，实现绿
证核发全覆盖。其中对存量常规水电项目，暂不核发可交易绿证，相应的绿证
随电量直接无偿划转。对 2023 年 1 月 1 日（含）以后新投产的完全市场化常
规水电项目，核发可交易绿证。

2023 年 9 月，国家发展改革委、国家能源局印发《关于加强新形势下电力
系统稳定工作的指导意见》指出：积极推进主要流域水电扩机、流域梯级规划
调整等，依法合规开展水电机组改造增容，新建水电机组按需配置调相功能。

（2）抽水蓄能。2023 年和 2024 年第一季度，抽水蓄能重要投资政策指引
体现在《关于进一步做好抽水蓄能规划建设工作有关事项的通知》《新型电力
系统发展蓝皮书》，以及年度《能源工作指导意见》等相关文件。同时，国家
发展改革委 2023 年 5 月核定了在运及 2025 年底前拟投运的 48 座抽水蓄能电
站容量电价。

2023 年 4 月，国家能源局《2023 年能源工作指导意见》指出：健全完善
抽水蓄能发展政策体系，加快建设一批抽水蓄能项目。加强新型电力系统、储
能、氢能、抽水蓄能、CCUS 等标准体系研究。国家能源局《2024 年能源工作
指导意见》指出：优化抽水蓄能中长期发展规划布局。制定实施抽水蓄能电站
开发建设管理暂行办法，促进抽水蓄能可持续健康发展。与 2023 年的鼓励加
快建设相比，2024 年更强调抽水蓄能的规划布局优化和可持续健康发展。

2023 年 4 月，国家能源局印发《关于进一步做好抽水蓄能规划建设工作有
关事项的通知》，提出要抓紧开展抽水蓄能发展需求论证和有序开展新增项目
纳规工作：针对目前部分地区前期论证不够、工作不深、需求不清、项目申报
过热等情况，坚持需求导向，深入开展抽水蓄能发展需求研究论证工作。对于

需求确有缺口的省份，按有关要求有序纳规。对于经深入论证、需求没有缺口的省份，暂时不予新增纳规，但可根据实际情况提出项目调整建议。

2023 年 6 月，国家能源局组织发布《新型电力系统发展蓝皮书》，提出统筹系统需求与资源条件，推动抽水蓄能多元化发展和应用。积极推进在建项目建设，加快新建项目开工建设，重点布局一批对电力系统安全保障作用强、对新能源规模化发展促进作用大、经济指标相对优越的抽水蓄能电站。创新抽水蓄能发展模式与场景应用，因地制宜开展中小型抽水蓄能电站建设，探索推进水电梯级融合改造，统筹新能源资源条件与抽水蓄能建设周期，持续推动新能源与抽水蓄能一体化发展。

2023 年 9 月，国家发展改革委、国家能源局印发《关于加强新形势下电力系统稳定工作的指导意见》指出：有序建设抽水蓄能。有序推进具备条件的抽水蓄能电站建设，探索常规水电改抽水蓄能和混合式抽水蓄能电站技术应用，新建抽水蓄能机组应具备调相功能。

（3）投资政策环境总结。综上，新型电力系统建设为水电发展带来机遇，但从 2023 年起，水电的投资政策逐渐收紧，以避免投资过热和对生态的影响。在常规水电方面，进一步强调稳步推进和规划方案的优化。在抽水蓄能方面，鼓励合理有序开发但防控过热，更强调抽水蓄能的规划布局和可持续健康发展。

3.2　水电供应情况

3.2.1　装机容量

（1）基建新增装机容量。2023 年水电基建新增装机容量 943 万 kW，同比减少 1428 万 kW，同比减少的原因是金沙江上游等水电基地电站集中投产增大了 2022 年基数。近 10 年来，我国水电基建新增装机容量总体呈波动变化趋势，2023 年水电基建新增装机容量仅高于 2018 年和 2019 年，位居近 10 年倒数第 3。2014—2023 年水电新增装机容量如图 3-4 所示。

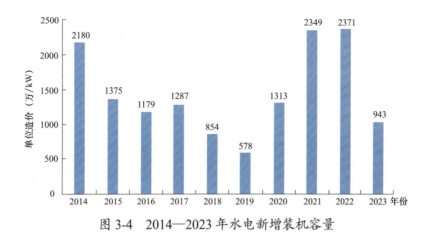

图 3-4 2014—2023 年水电新增装机容量

2023 年，抽水蓄能电站基建新增装机容量 545 万 kW，同比减少 335 万 kW。2023 年，全国新核准抽水蓄能项目 50 个，装机 6460 万 kW，"十四五"期间抽水蓄能已累计核准 1.5 亿 kW，核准规模接近在运装机容量的 3 倍。

（2）水电装机容量现状及历史增长趋势。2023 年水电装机容量 42 337 万 kW，同比增加 841 万 kW，同比增长 2.0%。2014—2023 年，我国水电装机规模逐年递增，从 30 486 万 kW 增加到 42 337 万 kW，年均增长 1306 万 kW，年均增速 3.7%。水电装机容量增速从 2014 年的 8.7%降低至 2023 年的 2.0%，近十年来总体呈波动递减趋势。2014—2023 年水电装机容量如图 3-5 所示。

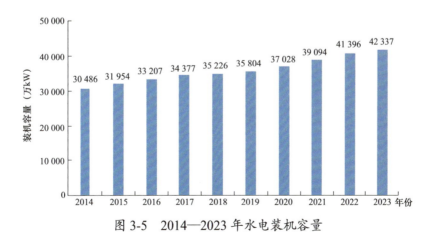

图 3-5 2014—2023 年水电装机容量

2023 年抽水蓄能装机容量 5094 万 kW，居世界首位，同比增长 11.2%。2014—2023 年，抽水蓄能电站装机规模年均增长 320 万 kW，年均增速 9.7%。

（3）水电装机容量在电源总装机容量中占比。2023年水电装机容量在电源总装机容量占比为14.4%，同比下降1.8个百分点，首次低于光伏、风电的占比，在各类电源中退居第四位。2014年以来水电装机容量在电源总装机容量中占比逐年下降，从2014年的22.1%降低到2023年的14.4%，其中2023年降幅最大。2014—2023年水电装机容量在电源总装机容量中占比如图3-6所示。

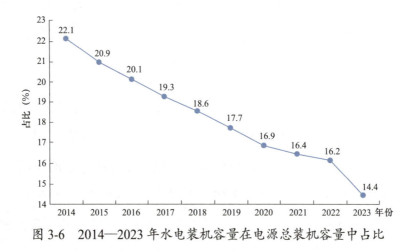

图3-6　2014—2023年水电装机容量在电源总装机容量中占比

2023年，抽水蓄能电站装机容量占电源总装机容量的比例为1.7%，同比降低0.1个百分点。

（4）各省水电装机容量。2023年四川、云南、湖北是全国水电装机容量排名前3的省份，合计21 695万kW，占全国水电总装机容量的52.5%，水电装机较为集中。各省水电装机容量如图3-7所示。

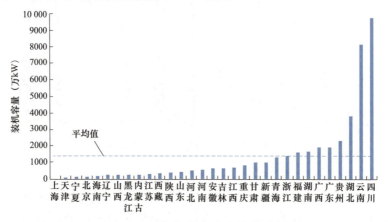

图3-7　2023年各省水电装机容量

3.2.2　发电量

（1）水电发电量现状及历史增长趋势。2023 年水电发电量 12 859 亿 kWh，同比降低 656 亿 kWh，降低至近 5 年最低水平，降低的原因是主要流域来水量不足。2014 年以来，我国水电发电量总体呈增长趋势，由 2014 年的 10 601 亿 kWh 增加到 2023 年的 12 859 亿 kWh，年均增长 251 亿 kWh，年均增速 2.2%，但 2020 年以来年际波动大，2021 年和 2023 年均出现发电量同比降低现象。2014—2023 年水电发电量如图 3-8 所示。

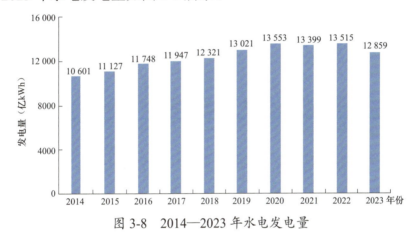

图 3-8　2014—2023 年水电发电量

2023 年，抽水蓄能电站发电量 573 亿 kWh，同比增加 82 亿 kWh，同比增长 16.7%。2014—2023 年抽水蓄能电站发电量占水电发电总量的比例总体呈增长趋势，从 2014 年的 1.2% 提高到 2023 年的 4.5%。

（2）水电发电量在电源总发电量中占比。2023 年，水电发电量在电源总发电量中占比 13.6%，同比下降 1.9 个百分点。2014—2023 年，水电发电量在电源总发电量中占比在 13.6%～19.5% 之间，总体呈先小幅增长后再大幅下降的趋势，其中 2016 年最高，2023 年最低。2014—2023 年水电发电量在电源总发电量中占比如图 3-9 所示。

（3）各省水电发电量情况。2023 年四川、云南、湖北是全国水电发电量排名前 3 的省份，发电量合计 8255 亿 kWh，占全国水电总发电量的 60.9%。各省发电量具体如图 3-10 所示。

41

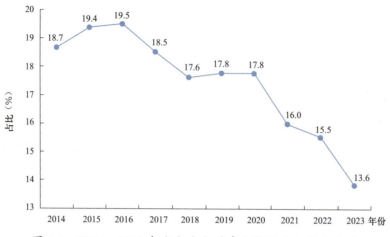

图 3-9　2014—2023 年水电发电量在电源总发电量中占比

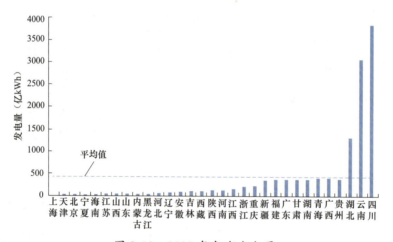

图 3-10　2023 年各省发电量

3.2.3　发电设备利用小时

（1）全国水电发电设备利用小时情况。2023 年 6000kW 及以上水电发电设备利用小时数为 3313h，同比降低 284h。

2014 年以来，我国 6000kW 及以上水电发电设备利用小时数在 3133～3825h 之间，总体呈先增后减趋势，2020 年达到峰值后连续 3 年大幅下降，下降原因是主要流域来水量不足。2014—2023 年 6000kW 及以上水电发电设备利用小时如图 3-11 所示。

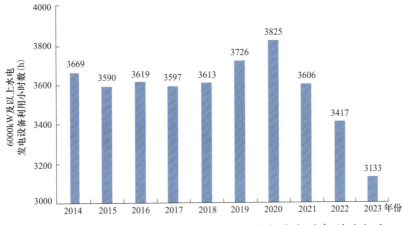

图 3-11　2014—2023 年 6000kW 及以上水电发电设备利用小时

（2）各省水电设备利用小时情况。2023 年 6000kW 及以上水电发电利用小时数高于 3000h 的省份有 9 个，同比减少 1 个省；6000kW 及以上水电设备利用小时数超过 4000h 的省份有 1 个，为宁夏，同比减少 3 个省。各省 6000kW 及以上水电发电设备利用小时具体如图 3-12 所示。

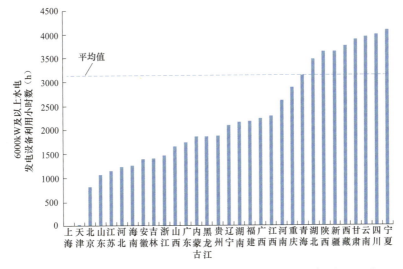

图 3-12　2023 年各省 6000kW 及以上水电发电设备利用小时

3.3　水电盈利情况

水电盈利情况通过长江电力、华能水电、广西能源等 20 家上市水电企业主要财务指标反映，具体指标包括毛利率、净利率、净资产收益率和资产负债率。2014—2023 年 20 家水电上市公司主要财务指标如表 3-2 所示。

表 3-2　　　　　　2014—2023 年 20 家水电上市公司主要财务指标　　　单位：%

指标＼年份	2014	2015	2016	2017	2018	2019	2020	2021	2022	2023
毛利率	47.4	46.8	49.4	46.9	47.0	41.3	43.3	41.4	40.0	28.6
净利率	28.9	36.7	35.1	31.7	33.2	26.2	29.1	28.4	26.9	24.8
净资产收益率	12.8	13.9	16.5	13.5	14.1	12.7	12.7	11.5	10.6	4.7
资产负债率	49.4	46.7	56.3	59.8	58.0	55.0	51.9	49.4	47.9	48.7

2023 年水电上市公司毛利率为 28.6%，净利率为 24.8%，净资产收益率为 4.7%，资产负债率为 48.7%。受 2023 年年初主要水库蓄水不足以及上半年降水持续偏少的影响，2023 年水电上市公司毛利率与净资产收益率等主要盈利指标大幅度下降。与火电及电网公司相比，2023 年水电上市公司业绩同比有所下滑，但净利率指标仍比较稳定。资产负债率六年来首次上涨，同比上涨 0.8 个百分点，水电上市公司资产结构优化受到阻碍。

总体而言，受主要流域来水量不足等原因，2023 年水电企业总体盈利状况下降，但不同水电企业盈利状况差异较大。以下选取长江电力和广西能源两个典型上市企业进行对比。长江电力 2023 年营业收入 781 亿元，同比增加 13.4%；归属于上市公司股东的净利润 272 亿元，同比减少 14.8%；毛利率为 56.9%，同比下降 0.4 个百分点；净利率为 36.5%，同比下降 5.1 个百分点；加权平均净资产收益率为 14.1%，同比上升 2.4 个百分点；近年来毛利率、净利率、净资产收益率均持续高于行业平均水平。广西能源电力公司实现营业总收入 167 亿元，同比减少 4.1%；归母净利润 166 万元，同比增长 100.8%。毛利率为 5.2%，同比下降 2.2 个百分点，净利率为 0.2%，较上年同期上升 1.1 个百分点；加权平均净资产收益率为 0.05%，同比上升 7.25 个百分点；毛利率、净利率、净资产收益率均持续低于行业平均水平。不同上市公司毛利率、净利率、净资产收益率等盈利情况指标差异较大，详见表 3-3。

指标	长江电力	广西能源	上市公司平均
毛利率	56.9	5.2	28.6
净利率	36.5	0.2	24.8
净资产收益率	14.1	0.05	4.7

表 3-3　　　　　　2023 年水电典型上市企业盈利情况对比　　　　　单位：%

3.4　水电发展前景展望

（1）投资趋势。未来三年，常规水电投资规模将保持总体平稳、小幅增长、占电源总投资比重下降的趋势；投资增长点主要是抽水蓄能。主要原因如下：①伴随我国的能源革命和电力转型持续推进，风电、光伏在能源供应体系中的地位愈发上升，由抽水蓄能应对电力负荷变化将是最为安全有效的调峰手段，抽水蓄能电站投资有较大增长空间，未来将掀起一轮投资建设潮，成为水电投资建设的重要增长点。截至 2023 年底核准开工建设、暂未全部投产的抽水蓄能电站超过 130 座，总装机容量超过 1.7 亿 kW，未来一段时间将有大批新项目开工建设，短期内抽水蓄能投资需求大增。②随着"双碳"战略的实施，水风光一体化的发展，龙头水库建设有望迎来建设机遇。③随着水电站向环境更恶劣、地质条件更复杂的地区推进，受生态环保、上网电价、征地移民、跨境河流国际关系等因素影响，资源开发难度提升，开发成本逐渐增加，剩余经济性较好的水电项目减少，预计未来常规水电的开发速度仍保持总体缓慢的趋势，但重大项目建设将继续有序推进，如 2023 年 4 月国家发展改革委核准澜沧江上游水电站项目，投资额约 580 亿元。④为适应新能源的大规模发展，主要水电基地有望迎来电站扩机，成为水电投资的新增长点。⑤对于没有调节能力的中型电站和小水电投资，根据当前生态保护的要求，新建小水电审批难度大，没有调节能力的中型电站受经济性和生态保护要求限制也难以通过审批。预计 2024 年和 2025 年水电投资将高于 2023 年。

（2）供应形势。未来三年，我国水电装机容量将持续增长，增速仍将维持总体平稳的趋势，但占电源总装机容量的比重将持续下降。主要原因如下：①在建大型水电站的投运将持续提升我国水电生产供应能力。②随着风电、光伏等新能源发展和新型电力系统建设，对于调峰调频的需求将进一步加大，抽水蓄能的调峰调频作用在未来发展空间大。③服务水风光综合基地，主要水电基地将开展电站扩机。④水电资源开发难度逐渐增大等因素限制了水电的发展速度。预计 2023 年和 2024 年水电装机容量将保持小幅增长的发展趋势。

未来三年，我国水电发电量总体将呈增长趋势，但发电量受来水量影响越来越大，水电发电量占电源总发电量的比重将逐步下降。由于水电装机规模的持续增长，再加上近年来对主要流域弃水电量的治理，2020 年前全国水电发电量长期逐年递增。不过，随着水电建设趋缓、水电未来承担更多的调峰和风光消纳功能、小水电有序退出，新增水电站带来的发电量占水电总发电量的比重越来越小，2021 年已出现主要流域来水量不足导致水电总发电量同比减少的现象，2023 年水电发电量降低至 5 年最低水平。同时，随着风光等新能源的发展，叠加水电发电量总体增长速度趋缓，水电发电量占电源总发电量的比重将逐步下降。

"双碳"风潮下，抽水蓄能正迎来前所未有的发展机遇。未来三年，预计抽水蓄能电站装机容量和发电量均大幅提高。主要原因如下：①目前我国抽水蓄能占电源总装机比重仅为 1.7%，处于较低水平，发展潜力大。②核准在建抽水蓄能电站规模大，电站投产后装机容量将大幅增长，同时带动发电量的增长。③《抽水蓄能中长期发展规划（2021—2035 年）》首次将抽水蓄能作为一个独立产业发布全国性的发展规划，首次提出建立抽水蓄能项目储备库，首次将中小微抽水蓄能和常规水电项目融合改造纳入国家级规划，为抽水蓄能产业的全面和创新发展创造了条件。④抽水蓄能价格形成机制逐步完善，投资主体多元化格局逐渐形成，有助于推动抽水蓄能电站投资建设发展。⑤针对部分地区前期论证不够、工作不深、需求不清、项目申报过热等情况，国家出台《关于进一步做好抽水蓄能规划建设工作有关事项的通知》等政策文件，引导抽水蓄能合理有序开发，但短期内抽水蓄能高速发展的态势并未发生改变。预计

2024 年和 2025 年抽水蓄能装机容量和发电量较 2023 年将保持大幅增长趋势。

从长期看，常规水电设备年利用小时数将呈现持续走低态势，主要原因如下：①随着水电定位从电量为主转为电力和电量并重，新建水电项目调节需求增加，装机年利用小时数将处于较低水平，尤其具有较强调节能力的水电站，装机年利用小时数一般小于 3000h。②主要流域水电站扩机后，由于来水量不变，单位装机容量可利用来水量和发电量减少，直接降低设备的年利用小时数。③由于小水电一般调节能力差，相应装机年利用小时数高，因生态等原因退出的小水电虽然总量不大，但一定程度上也会拉低水电设备年利用小时数平均水平。从短期来看，水电发电设备年利用小时数受来水量影响较大，随着 2023 年下半年以来"三重"拉尼娜事件结束、厄尔尼诺现象的持续，主要流域发电可利用水量增加，发电设备年利用小时数有望在短期内有所回升。但由于抽水蓄能电站发电设备年利用小时数明显低于常规电站，随着抽水蓄能电站装机容量增长、占全部水电的比重增加，水电整体的发电设备年利用小时数将进一步下降，在遇到来水偏枯年份时水电发电设备年利用小时数可能进一步降低至 3000h 以下。

（3）盈利状况。未来三年，水电企业总体盈利情况保持相对稳定。主要原因如下：①未来大型水电项目的投运将为优质大型水电企业的盈利能力提供保障，而中小型企业面临更加严格的环境政策和严峻的经营形势；②可再生能源消纳问题受到政策关注，水能利用率将稳定保持较高水平。③电力市场竞争愈发激烈，部分省区市场电价较低，未来伴随着市场化电量占比提升，即使水电企业发电量有所增长，其营业收入也承受压力。同时，也应注意到，由于水电发电量受天然来水情况影响较大，水电盈利存在一定不确定性。随着拉尼娜事件结束，厄尔尼诺事件影响的持续，2024 年水电企业盈利能力有望比 2023 年有所改善。

（4）综合展望。未来三年，水电投资将稳步增加，投资增幅在一定时期内总体呈上升趋势，其中抽水蓄能电站投资占比大幅增加；装机容量整体保持低速增长趋势，水电发电量呈增长趋势，水电发电量占电源总发电量的比重将逐步下降，但抽水蓄能电站占比逐步增加；水电企业受天然来水情况影响较大，总体盈利情况将保持相对稳定，并有望改善。整体而言，常规水电投资和经营受"双碳"政策利好，但同时也受制于资源条件、生态保护等因素，将保持总体平稳偏好趋势发展；抽水蓄能电站投资规模、装机容量和发电量将大幅提高。

第 4 章

核电投资及发展形势分析

创新引领
智力共享

4.1 核电投资情况

4.1.1 投资规模

2023年我国核电投资1003亿元，比2022年增加27.7%，增幅较上年虽有所下降，但投资规模创下历史新高，主要原因是2019年以来一批新核准的核电项目建设持续推进。2023年核电投资占电源总投资的比例为9.8%，同比下降0.7个百分点，仍处于过去十年的较低水平。投资规模创近10年新高，但投资额占电源总投资比例有所下降，反映出其他电源类型（主要是新能源）发展更为迅猛。2014—2023年核电投资规模和核电投资占电源总投资的比例分别如图4-1和图4-2所示。

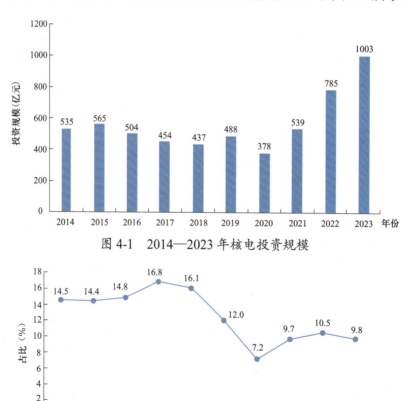

图 4-1　2014—2023年核电投资规模

图 4-2　2014—2023年核电投资占电源总投资比例

截至 2023 年底,我国共有在建核电机组 26 台,合计容量 3034 万 kW,此外还有 12 台核电机组已通过国务院核准尚待开工。在建核电机组和待开工核电机组情况分别如表 4-1 和表 4-2 所示。

表 4-1　　　　　　　　2023 年全国在建核电机组情况

序号	核电机组	额定容量（MWe）	机组堆型	开工时间
1	广西防城港二期 4 号	1188	PWR	2016.12
2	福建霞浦示范快堆 1 号	643	FBR	2017.12
3	国核示范工程 1 号	1534	PWR	2019.06
4	福建漳州 1 号	1212	PWR	2019.10
5	广东惠州太平岭一期 1 号	1202	PWR	2019.12
6	国核示范工程 2 号	1534	PWR	2020.04
7	福建漳州 2 号	1212	PWR	2020.09
8	广东惠州太平岭一期 2 号	1202	PWR	2020.10
9	福建霞浦示范快堆 2 号	643	FBR	2020.12
10	浙江三澳核电厂 1 号	1210	PWR	2020.12
11	海南昌江核电 3 号机组	1198	PWR	2021.03
12	江苏田湾核电 7 号	1265	PWR	2021.05
13	海南昌江小型模块化反应堆	125	PWR	2021.07
14	辽宁徐大堡核电站 3 号	1274	PWR	2021.07
15	昌江核电 4 号机组	1198	PWR	2021.12
16	浙江三澳核电厂 2 号	1210	PWR	2021.12
17	江苏田湾核电 8 号	1265	PWR	2022.02
18	辽宁徐大堡核电站 4 号	1274	PWR	2022.05
19	浙江三门核电 3 号	1251	PWR	2022.06
20	山东海阳核电 3 号	1253	PWR	2022.07

续表

序号	核电机组	额定容量（MWe）	机组堆型	开工时间
21	广东陆丰核电 5 号	1200	PWR	2022.09
22	浙江三门核电 4 号	1251	PWR	2023.03
23	山东海阳核电 4 号	1253	PWR	2023.04
24	广东陆丰核电 6 号	1200	PWR	2023.08
25	广东廉江核电 1 号	1250	PWR	2023.09
26	辽宁徐大堡核电站 1 号	1291	PWR	2023.11

表 4-2　　　　　　　截至 2023 年底全国待开工核电机组情况

序号	核电机组	预计额定容量（MWe）	机组堆型
1	福建漳州 3 号	1212	PWR
2	福建漳州 4 号	1212	PWR
3	广东廉江 2 号	1250	PWR
4	辽宁徐大堡核电站 2 号	1291	PWR
5	山东石岛湾扩建 1 号	1225	PWR
6	山东石岛湾扩建 2 号	1225	PWR
7	福建宁德 5 号	1210	PWR
8	福建宁德 6 号	1210	PWR
9	广东太平岭 3 号	1210	PWR
10	广东太平岭 4 号	1210	PWR
11	浙江金七门 1 号	1200	PWR
12	浙江金七门 2 号	1200	PWR

注　PWR 为压水堆。

　　2023 年，我国有 5 台机组开工建设。新开工机组分布在辽宁、山东、浙江和广东四省。2014—2023 年核电当年新开工机组数量如图 4-3 所示。

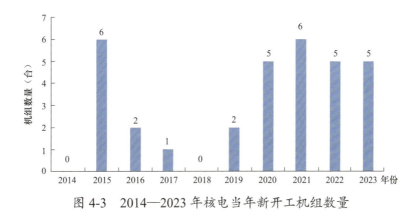

图 4-3　2014—2023 年核电当年新开工机组数量

4.1.2　项目建设周期与成本情况

2023 年，我国有 2 台核电机组正式投入商业运行，分别为广西防城港核电厂 3 号机组和山东石岛湾核电厂高温气冷堆。广西防城港核电厂 3 号机组采用第三代核电技术，山东石岛湾核电厂高温气冷堆是世界首台第四代核电机组，具体信息如表 4-3 所示。

表 4-3　　　　　　　　　2023 年首次投入商业运营的核电机组信息

省份	核电厂名称	机组号	技术型号	装机容量（MWe）	开工日期	商业运行日期	建设周期（月）
广西	防城港核电厂	3 号机组	华龙一号三代	1188	2015.12	2023.3	88
山东	石岛湾核电厂	高温气冷堆	HTR-PM 四代	211	2012.12	2023.12	133

由于相关单位并未披露详细决算转固数据，参考其他第三代核电机组的造价情况，预计防城港核电厂 3 号机组的单位造价在 16 000—18 000 元/kW。根据相关信息，石岛湾核电厂高温气冷堆的单位造价达到 40 000 元/kW。

4.2　核电供应情况

4.2.1　装机容量

截至 2023 年底，我国在运核电机组共 55 台（不含台湾地区），分布在广

东、广西、浙江、山东、福建、江苏、辽宁、海南等 8 个沿海省份，装机容量
达到 5703 万 kW，其中年内新增装机容量 4 万 kW。变动原因主要是部分核电
机组额定容量尾数进行了调整，今年正式投入商业运营的防城港核电厂 3 号机
组和石岛湾核电厂高温气冷堆在 2022 年实际已并网发电，故已计入 2022 年新
增装机容量中。2014—2023 年我国新增核电装机容量如图 4-4 所示。

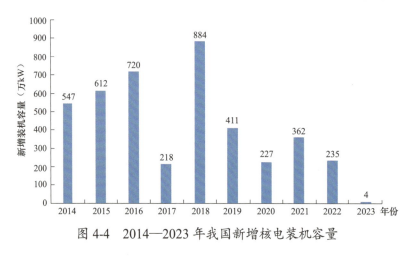

图 4-4　2014—2023 年我国新增核电装机容量

近 10 年，我国核电装机容量总体呈快速上涨趋势，2023 年装机容量约为
2014 年的 3 倍。由于 2016-2019 年的项目审批和建设进度放缓，新增装机容量
从 2019 年开始显著下降，至 2023 年实际已经没有新增装机容量。随着 2019
年后新一批核电机组的陆续开工建设，预计 2025 年后核电装机容量将迎来新
一轮上涨。2014—2023 年我国核电装机容量如图 4-5 所示。

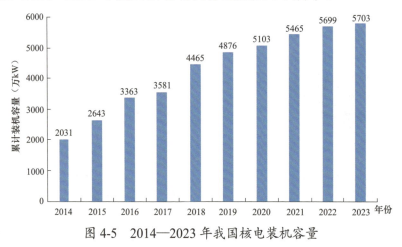

图 4-5　2014—2023 年我国核电装机容量

从电源结构看，2023 年核电装机容量在总装机容量中占比 1.95%，较上年下降 0.27 个百分点。总体来看，近 5 年来核电装机容量占总装机容量的比重呈现下降趋势，主要原因是新能源发展势头迅猛。2014—2023 年核电装机容量占比如图 4-6 所示。

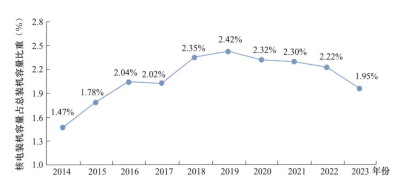

图 4-6 2014—2023 年核电装机容量在总装机容量中占比

4.2.2 发电量

2023 年全国核电发电量为 4334 亿 kWh，同比增长 3.71%。与燃煤发电相比，2023 年核能发电相当于减少燃烧标准煤 12 340 万 t，减少排放二氧化碳 32 330 万 t、二氧化硫 105 万 t、氮氧化物 91 万 t。2023 年我国商运核电机组电力生产情况如表 4-4 所示。

表 4-4 2023 年我国商运核电机组电力生产情况统计表

项目 核电厂/机组		装机容量 （MWe）	发电量 （亿 kWh）	上网电量 （亿 kWh）	核电设备 利用小时数（h）
秦山核电厂	1 号机组	350	29	27	8147
大亚湾核电厂	1 号机组	984	87	83	8837
	2 号机组	984	65	62	6564
秦山第二核电厂	1 号机组	670	58	55	8682
	2 号机组	670	54	50	7996

续表

项目 核电厂/机组		装机容量 （MWe）	发电量 （亿kWh）	上网电量 （亿kWh）	核电设备 利用小时数（h）
秦山第二核电厂	3号机组	670	55	52	8236
	4号机组	670	58	54	8625
岭澳核电厂	1号机组	990	82	79	8326
	2号机组	990	73	70	7348
	3号机组	1086	94	89	8662
	4号机组	1086	88	83	8077
秦山第三 核电厂	1号机组	728	57	53	7867
	2号机组	728	62	57	8552
田湾核电厂	1号机组	1060	84	79	7953
	2号机组	1060	86	80	8116
	3号机组	1126	75	70	6699
	4号机组	1126	83	76	7334
	5号机组	1118	86	80	7665
	6号机组	1118	89	83	7936
红沿河核电厂	1号机组	1119	75	71	6736
	2号机组	1119	86	81	7730
	3号机组	1119	85	80	7632
	4号机组	1119	83	78	7377
	5号机组	1119	89	83	7957
	6号机组	1119	82	77	7342
宁德核电厂	1号机组	1089	79	74	7248
	2号机组	1089	93	87	8532
	3号机组	1089	90	84	8246
	4号机组	1089	83	78	7637

续表

项目 核电厂/机组		装机容量 （MWe）	发电量 （亿 kWh）	上网电量 （亿 kWh）	核电设备 利用小时数（h）
福清核电厂	1 号机组	1089	95	90	8747
	2 号机组	1089	85	80	7776
	3 号机组	1089	83	78	7576
	4 号机组	1089	62	58	5665
	5 号机组	1161	91	85	7845
	6 号机组	1161	80	75	6857
阳江核电厂	1 号机组	1086	94	89	8665
	2 号机组	1086	86	81	7935
	3 号机组	1086	86	81	7897
	4 号机组	1086	96	90	8804
	5 号机组	1086	85	80	7838
	6 号机组	1086	85	80	7836
方家山核电厂	1 号机组	1089	89	84	8163
	2 号机组	1089	94	89	8654
三门核电厂	1 号机组	1250	107	100	8533
	2 号机组	1250	100	93	7970
海阳核电厂	1 号机组	1253	96	90	7673
	2 号机组	1253	97	90	7723
台山核电厂	1 号机组	1750	22	21	1269
	2 号机组	1750	138	129	7882
昌江核电厂	1 号机组	650	50	46	7693
	2 号机组	650	55	51	8462
防城港核电厂	1 号机组	1086	85	79	7834
	2 号机组	1086	86	80	7916
	3 号机组	1188	78	73	6529

续表

项目 核电厂/机组		装机容量 （MWe）	发电量 （亿 kWh）	上网电量 （亿 kWh）	核电设备 利用小时数（h）
石岛湾核电厂	1号机组	211	1	1	549
合计值/整体值/平均值		57 031	4334	4067	7661

从电源结构上看，2023年核电发电量占全国发电量的4.9%，同比上升0.1个百分点。2014—2019年我国核电发电量占比呈逐年上升趋势，但近四年基本平稳。核电发电量占比增速放缓的主要原因是近几年投运的核电机组数量有限以及新能源发电的发展速度较快。2014—2023年核电发电量占全国发电量比重如图4-7所示。

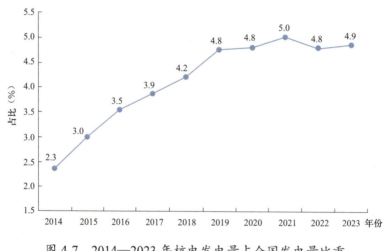

图4-7 2014—2023年核电发电量占全国发电量比重

4.2.3　发电设备利用小时

2023年我国核电设备平均利用小时数为7661h，同比上升1.5%；设备平均利用率为87.5%，同比上升1.3个百分点。在运55台核电机组中，发电设备利用小时数最高的为大亚湾核电厂1号机组8837h，有39台机组设备利用小时数超过7661h的平均水平。

2014—2023年，我国核电机组历年平均利用小时数的平均值为7433h，在所有发电电源类型中排名第一。核电机组平均利用小时数自 2014 年起连续三年下降，直至 2016 年为最低点，此后开始回升，至 2021 年达到 7778h，主要原因是 2021 年夏季全国电力供应形势紧张期间核电出力较多。2014—2023 年核电机组平均利用小时如图 4-8 所示。

图 4-8　2014—2023 年核电机组平均利用小时

4.3　核电盈利情况

我国目前共有四家具有核电运营资质的公司：中国核工业集团（以下简称"中核集团"）、中国广核集团（以下简称"中广核集团"）、国家电力投资集团（以下简称"国家电投"）和华能集团。由于中核集团和中广核集团的核电运营平台中国核能电力股份有限公司（以下简称"中国核电"）和中国广核电力股份有限公司（以下简称"中国广核"）分别于上海、深圳证券交易所上市，且目前我国绝大多数核电机组均由这两家公司运营，因此综合考虑行业影响力、数据可得性等因素，本报告以中国核电和中国广核为基础开展核电企业盈利情况分析，两家上市公司近五年主要财务指标如表 4-5 所示。

表 4-5   2019—2023 年中国广核、中国核电主要财务指标

财务指标		2019 年	2020 年	2021 年	2022 年	2023 年
资产总额（亿元）	中国广核	3879.8	3919.0	3999.9	4090.2	4152.5
	中国核电	3579.4	3817.5	4096.2	4646.2	5392.7
营业收入（亿元）	中国广核	608.8	705.9	806.8	828.2	825.5
	中国核电	472.6	522.8	623.7	712.9	749.6
利润总额（亿元）	中国广核	165.6	168.5	181.3	187.0	205.3
	中国核电	106.2	131.8	165.6	195.7	229.8
净资产收益率（%）	中国广核	11.8	10.3	9.9	9.6	9.8
	中国核电	9.6	9.9	11.0	11.4	12.2
资产负债率（%）	中国广核	65.1	63.9	62.3	61.4	60.2
	中国核电	74.0	69.5	69.4	68.2	69.8
毛利率（%）	中国广核	41.7	37.1	33.2	33.3	36.0
	中国核电	41.9	44.8	44.2	45.6	44.6

2023 年中国广核、中国核电合计营业收入为 1575.1 亿元，同比增长 2.2%；平均销售毛利率为 40.3%，同比增加 0.9 个百分点；平均净资产收益率为 11.0%，同比上升 0.5 个百分点。同 2022 年相比，这两家核电企业收入规模保持增长，但增速显著放缓，其中中国广核的营业收入同比下降，而中国核电的营业收入上升较多；总体盈利能力略有上升，其中中国核电的净资产收益率上升较为明显，且近五年保持着上升趋势，而中国广核的净资产收益率略有上升。利用杜邦分析法将两家公司的净资产收益率[1]进行分解后可发现，中国核电的销售净利率和权益乘数更高，说明两家公司净资产收益率差异主要来自于销售能力以及对财务杠杆的应用程度。从近 5 年趋势来看，两家企业的营业收入增速持续下滑。平均净资产收益率相对稳定，在各种电源类型的发电企业中仍然具有很

---

[1]   净资产收益率等于销售净利率、总资产周转率和权益乘数三者的乘积。

强的盈利能力。

核电收入主要为向电网售电收入，主要影响因素为上网电量和上网电价。在上网电量方面，得益于《保障核电安全消纳暂行办法》（发改能源〔2017〕324 号）等政策保障，核电电量优先上网，核电机组平均利用小时数超过 7000h。在上网电价方面，各核电机组上网电价基本分布在 0.42 元/kWh 的标杆电价上下，且在机组商运定价后保持稳定。

核电成本主要是固定资产折旧和核燃料成本。2023 年中国核电固定资产折旧、核燃料成本占营业成本的 39% 和 22%，中国广核则为 16% 和 20%。两家企业固定资产折旧占营业成本比例差距较大的主要原因是主营业务存在一定差异，中国广核开展了一定规模的建筑安装与设计服务，该项业务产生的营业成本规模较大，导致固定资产折旧和核燃料成本占比偏低。2023 年核燃料主要上游原料铀矿价格约为 101 美元/磅，较 2022 年上升 107.4%。自 2011 年福岛核事件以来，铀矿价格在 2016—2017 年达到低点，最近几年有回升趋势，特别是 2023 年上升幅度显著，增幅超过一倍，主要原因是美国针对俄罗斯浓缩铀的进口禁令以及哈萨克斯坦铀产量削减等事件引发了铀抢购狂潮。2014—2023 年铀矿期货价格如图 4-9 所示。但由于铀燃料的采购通常以长期协议形式为主，短期价格波动基本不影响采购价格，短期来看铀矿价格上涨对两家核电企业的运营成本造成的影响有限。

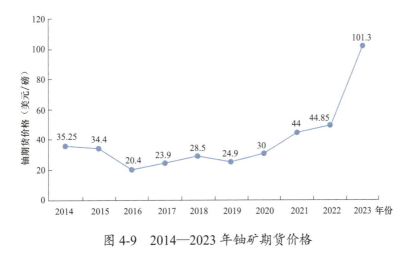

图 4-9 2014—2023 年铀矿期货价格

在收入层面，核电运营具有高技术壁垒、高安全要求、强政策管制等特点，核电牌照长期高度稀缺，以上因素共同决定了核电竞争格局具有高度稳定性，再加上随着投产机组规模逐渐扩大，核电企业的营业收入将稳步上升。然而，如果未来铀矿价格持续上升，核电企业在长期仍将面临成本压力，企业盈利情况有下滑的可能性。

4.4 核电发展前景展望

（1）投资趋势。未来三年，核电投资规模将有比较显著的增加。主要原因如下：①政策层面对核电发展予以支持，"十四五"现代能源体系规划提出："积极安全有序发展核电。在确保安全的前提下，积极有序推动沿海核电项目建设，保持平稳建设节奏，合理布局新增沿海核电项目。开展核能综合利用示范，积极推动高温气冷堆、快堆、模块化小型堆、海上浮动堆等先进堆型示范工程，推动核能在清洁供暖、工业供热、海水淡化等领域的综合利用。切实做好核电厂址资源保护。到 2025 年，核电运行装机容量达到 7000 万 kW 左右"。党的二十大报告也强调"积极安全有序发展核电"。②近三年新开工机组数量明显增加，2020—2023 年累计新开工 21 台核电机组，这些机组在未来三年均处于建设期，同时近两年又有一批新的核电机组通过国务院核准，有 12 台机组正在准备开工，两项因素叠加将使核电投资规模持续上升。

（2）供应形势。未来三年，核电供应量将继续稳步上升，在全部发电量中的占比将维持在目前 5% 左右的水平或略有下降。主要原因如下：①为积极响应"双碳"目标，未来一段时期在制定中长期市场交易电量规模、火电机组发电计划时，仍将足量预留清洁能源优先发电空间。为实现核电的安全保障性消纳，预计政策方面仍将鼓励核电以"优价满发"模式参与电力市场，因此电量绝对水平能够得到保障。②两至三年内投运的核电机组数量有限，加上风电、光伏等电源发展更为迅速，因此核电在全部发电量中的占比将保持稳定或略有下降。

（3）盈利状况。未来三年，核电的营业收入稳步上升，盈利能力面临一定的压力，但仍然在各类发电企业中位于较高水平，主要原因如下：①在核电电价和发电设备利用小时有保障的情况下，随着投运机组增加、上网电量增多，核电营业收入将稳步上升。②核燃料价格上升趋势明显，虽然短期内对成本影响有限，但如果继续保持上涨，核电企业在长期仍将面临成本压力，盈利能力会受到一定的负面影响。

（4）综合展望。未来三年，核电发展建设迎来机遇期，核电投资规模将实现快速增长；核电设备利用小时维持高水平，发电量呈平稳上升趋势；核电企业的营业收入持续增长，盈利能力略有下降，但在各类发电企业中仍位于较高水平。

第 5 章

风电投资及发展形势分析

5.1　风电投资情况

5.1.1　投资规模

2023 年，我国风电投资 2753 亿元，同比增长 742 亿元，同比涨幅 36.9%，投资规模创下历史新高。2014 年以来，风电投资规模受政策影响较大，尤其是风电补贴取消进入平价时代和疫情影响交付的双重影响，2022 年出现较大幅度降低。虽然风电补贴已经退出，但随着风电技术的不断进步，风力发电机、塔筒结构等的成本降低、效率提高，进而推动风电建造成本及度电成本迅速下降，目前风电已逐步适应平价上网的市场环境。2022 年 6 月，国家能源局发布《"十四五"可再生能源发展规划》，要求大规模开发风电等可再生能源，随后各省市也出台系列政策。在疫情结束、成本降低和利好政策的三重作用下，2023 年的风电投资超过了 2020、2021 年陆上风电、海上风电国补截止抢装潮所带来的投资小高峰。2014—2023 年风电投资规模如图 5-1 所示。

图 5-1　2014—2023 年风电投资规模

2023 年，风电投资在电源总投资中占比 26.9%，位居各类电源投资第二位。虽然光伏发电投资的迅猛增长带动了电源总投资规模大幅增长，但风电投资同样增长强劲，所以风电投资在电源总投资中的占比基本保持不变。2014—2023年风电投资在电源总投资中占比如图 5-2 所示。

图 5-2　2014—2023 年风电投资在电源总投资中占比

5.1.2　成本情况

本小节统计了 2023 年来 4 个公开招标并已中标的陆上风电项目 EPC 单价，以及 4 家公司公告中发布的海上风电建设项目造价水平，具体如表 5-1所示。

表 5-1　　　　　　　　风电 EPC 中标价和项目造价情况

序号	项目	项目类型	中标单位	规模（MW）	中标价（万元）	EPC单价（元/kW）	中标公示时间
1	深泽县 210MW 风电项目（一期 100MW）EPC 总承包	陆上风电	中国电建河北工程有限公司	100	55 967	5597	2023.12
2	国华宁陵 100MW 风电项目 EPC 总承包	陆上风电	中国电建河南省电力勘测设计院有限公司	100	43 034	4303	2023.12
3	赤峰市克旗兴龙 200MW 风电项目 EPC 总承包	陆上风电	中国电建西北勘测设计研究院有限公司	200	92 380	4619	2023.11
4	辽宁公司国能辽宁新能源开发有限公司辽宁建平沙海 200MW 风电场项目 EPC 总承包	陆上风电	上海能源科技发展有限公司	200	118 134	5907	2023.12

续表

序号	项目	项目类型	建设单位	规模（MW）	中标价（万元）	EPC单价（元/kW）	公告时间
1	广西防城港海上风电示范项目 A 场址标段一 EPC 总承包	海上风电	中国电建华东勘测设计研究院有限公司	416.5	377 761	9070	2023.1
2	广西防城港海上风电示范项目 A 场址标段二 EPC 总承包	海上风电	中国电建广东勘测设计研究院有限公司、中铁大桥局股份有限公司（联合体）	200	223 544	11 177	2023.11
3	渤中海上风电 G 场址（北区）工程 EPC 总承包	海上风电	中国电建华东勘测设计研究院有限公司	400	327 035	8176	2023.8
4	渤中海上风电 G 场址（南区）工程 EPC 总承包	海上风电	中国电建中南勘测设计研究院有限公司	300	246 829	8228	2023.8

基于项目统计数据以及公开渠道信息，陆上风电造价水平仍在持续下降，目前三北地区陆上风电造价多降至 5000 元/kW 以内，中东部地区项目也多降至 6000 元/kW 以内；随着海上风机设备及配套设施的制造、服务供应能力的提升，海上风电的造价水平回落到抢装潮之前的水平以下，基本维持在 11 500～14 000 元/kW，广西防城港和山东渤中的海上风电造价概算甚至低于 10 000 元/kW。总体上，2023 年我国风电项目造价水平降幅较大，陆上风电项目均价全年降幅约为 29%，海上风电项目均价全年降幅约为 13%。房地产市场萎靡带动钢铁价格持续下跌，而影响风电成本的主要因素就是钢铁主材的价格，因此风电建设得以收益。2014—2023 年风电单位造价成本如图 5-3 所示❶。

5.1.3　投资政策环境

"双碳"战略、"两型"建设背景下，包括风电在内的可再生能源正加快从

---

❶　2014—2022 年数据来源于中电联《中国电力行业年度发展报告》，2023 年数据尚未被中电联公布，根据主流媒体报道的成本降幅估算。

图 5-3　2014—2023 年风电单位造价成本

补充能源向替代能源转变，承担了能源转型和保供双重责任，重要性日趋凸显。国家及地方积极制订相关政策助力风电的开发建设，持续提升绿色电力占全社会用电量比重，降低全社会用电碳排放强度，加快能源绿色低碳转型。风电投资相关政策具体如下：

（1）拓展可再生能源农村应用场景。2023 年 1 月，中共中央、国务院发布《关于做好 2023 年全面推进乡村振兴重点工作的意见》，明确提出"推进农村电网巩固提升，发展农村可再生能源"，为可再生能源拓展农村市场提供了政策指引。2023 年 3 月，国家能源局、生态环境部、农业农村部、国家乡村振兴局联合发布《关于组织开展农村能源革命试点县建设的通知》（国能发新能〔2023〕23 号），提出推进可再生能源发电就地就近开发和利用，进一步强调加强适用于农村应用场景的风力发电等；

（2）加强可再生能源综合管理。2023 年 8 月，国家发展改革委、财政部、国家能源局发布《关于做好可再生能源绿色电力证书全覆盖工作促进可再生能源电力消费的通知》（发改能源〔2023〕1044 号），将全国风电、太阳能发电等已建档立卡的可再生能源发电项目所生产的全部电量核发绿证，实现绿证核发"全覆盖"，对促进可再生能源电力消费具有重要意义，对风光发电的消纳形成多元化支撑。2023 年 9 月，国家发展改革委和国家能源局印发《电力现货市场基本规则（试行）》（发改能源规〔2023〕1217 号），提出稳妥有序推动新能源参与电力市场，设计适应新能源特性的市场机制，与新能源保障性政策做好衔接，以市场方式促进变动成本更低的新能源优先消纳，实现新能源在更大范围内的优化配置和协同消纳。2023 年 10 月，国家能源局印发《关于进一步规范可再生能源发电项目电力业务许可管理的通知》（国能发资质规〔2023〕67 号），明确指出在现有许可豁免政策基础上，将分散式风电项目纳入许可豁免范围，不要求其取得电力业务许可证；

（3）推动海上风电开发协同化与规范化发展。2023 年 3 月，国家能源局公布《加快油气勘探开发与新能源融合发展行动方案（2023—2025 年）》（国能发油气〔2023〕21 号），推动油气开发企业提高新能源开发利用和存储能力，推动能源清洁低碳、积极扩大油气企业开发利用绿电规模，首次明确了"海上风电与海洋油气产业融合发展"的思路。2023 年 11 月，自然资源部发布《关于探索推进海域立体分层设权工作的通知》（自然资规〔2023〕8 号），明确可以立体分层设权的用海活动，推动海域管理模式从"平面"走向"立体"，进一步规范未来海上风电、光伏等能源项目海域使用，促进海洋经济高质量发展。目前，河北、浙江、广西、海南、辽宁等省区已先后出台海域立体分层设权政策文件，将进一步缓解海上能源项目开发与海事、通航、渔业等项目活动的用海冲突问题，为海上能源项目开发提供合理空间；

（4）推进风电场改造升级和退役管理。2023 年 6 月，能源局发布《风电场改造升级和退役管理办法》（国能发新能规〔2023〕45 号），明确了陆上风电场改造升级和退役的相关定义和规定，鼓励并网运行超过 15 年或单台机组容量小于 1.5MW 的风电场开展改造升级，在项目审批管理、前置手续办理、电价及补贴存续、电网接入及消纳、设备设施循环利用等多个方面提供了解决思路和政策保障，为风电"以大代小"、退役升级提供指引，有望激活存量市场，打开风电场改造升级可观的增长空间。

2024 年 4 月，国家能源局印发《2024 年能源工作指导意见》（国能发规划〔2024〕22 号），对风电建设提出了新要求和新安排，包括：风电、太阳能发电量占全国发电量的比重达到 17% 以上；巩固扩大风电光伏良好发展态势，稳步推进大型风电光伏基地建设，统筹优化海上风电布局，推动海上风电基地建设，稳妥有序推动海上风电向深水远岸发展；因地制宜加快推动分散式风电，在条件具备地区组织实施"千乡万村驭风行动"；开展全国风能和太阳能发电资源普查试点工作；持续完善绿色低碳转型政策体系，科学优化新能源利用率目标，印发 2024 年可再生能源电力消纳责任权重并落实到重点行业企业，以消纳责任权重为底线，以合理利用率为上限，推动风电光伏高质量发展。

5.2 风电供应情况

我国风能开发利用起步较晚，2003 年我国风电装机容量仅 10 万 kW。经过多年发展，截至 2023 年，装机容量已连续第 14 年位居世界第一，且仍处于高速发展阶段。在新型能源体系加快建设的大背景下，风电已成为我国电力供应的重要组成部分，并正由补充能源向替代能源迈进。

5.2.1 装机容量

（1）新增装机容量。2023 年，我国风电新增装机容量 7622 万 kW，同比增长 3761 万 kW。新增装机创下历史新高，主要受益于政府对风电行业发展的持续支持、风电设备生产能力的快速增长以及风电技术不断进步所带来的行业市场竞争能力提升。2014—2023 年风电基建新增发电装机容量如图 5-4 所示。

风电机组技术的提升带来了风电单机容量大型化的发展趋势。2023 年，中国新增装机的风电机组平均单机容量达到 5.6MW，同比增长 25.2%，其中，新增陆上风电机组平均单机容量为 5.3MW，同比增长 23.3%，新增海上风电机组平均单机容量为 9.6MW，同比增长 29.7%。截至 2023 年，风电机组平均单机容量已升至 2.5MW。2014—2023 年新增陆上和海上风电机组平均单机容量如图 5-5 所示。

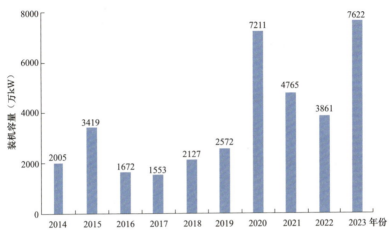

图 5-4　2014—2023 年风电基建新增发电装机容量

图 5-5　2014—2023 年新增陆上和海上风电机组平均单机容量

（2）装机容量。2023 年，风电总装机容量达到 44 144 万 kW，同比增速 20.7%，增速有所提升，重回高位水平。2014 年以来，我国风电装机容量呈现逐年高速增长的态势，增幅始终保持在 10%以上，年均增长 3832 万 kW，年均增幅达 18.4%。2014—2023 年风电装机容量如图 5-6 所示。

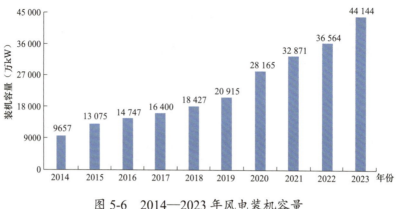

图 5-6　2014—2023 年风电装机容量

截至 2023 年底，风电装机容量 4.41 亿 kW，太阳能发电装机容量 6.10 亿 kW，风、光装机容量合计 10.51 亿 kW，风光装机容量继 2020—2022 年连续 3 年新增超 1 亿 kW 后，2023 年再新增 2.9 亿 kW，再创新高。2020 年习总书记在气候雄心峰会上宣布到 2030 年国内风电、太阳能发电总装机容量将达到 12 亿 kW 以上，当前风、光装机容量距离此目标仅相差 1.49 亿 kW，如国家能源局在 2024 年全国能源工作会议中所提的"风、光新增装机规模在 2 亿 kW 左右"预期顺利实现，那么原定装机目标便可大幅提前完成。

（3）海上风电。2023 年，我国海上风电装机容量达到 3729 万 kW，稳居世界第一，新增装机容量 683 万 kW，同比增加 276 万 kW，同比涨幅 22.4%。2016—2023 年我国海上风电装机规模如表 5-2 所示。

表 5-2　　　　　2016—2023 年我国海上风电装机规模　　　　单位：万 kW

年份	2016 年	2017 年	2018 年	2019 年	2020 年	2021 年	2022 年	2023 年
装机容量	163	279	395	593	949	2639	3046	3729
新增装机容量	59	116	116	198	356	1690	407	683

（4）风电装机容量在我国电源总装机容量中占比。2023 年，风电装机容量在我国电源总装机容量中占比 15.1%，同比提高 0.8 个百分点。2014—2023 年，风电装机容量在我国电源总装机容量中占比稳步提升，"十三五"期间整体提升明显，以 2020 年最为显著，此后每年的增幅有所放缓但仍处于较高水平。

2014—2023 年风电装机容量在我国电源总装机容量中占比如图 5-7 所示。

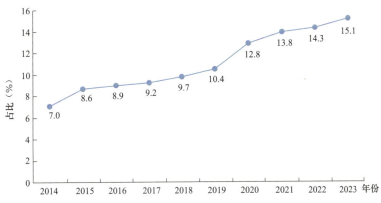

图 5-7   2014—2023 年风电装机容量在我国电源总装机容量中占比

（5）2023 年各省风电装机容量。2023 年，内蒙古是全国唯一风电装机接近 7000 万 kW 的省份，达到 6961 万 kW，比排名第二位的河北（装机容量 3258 万 kW）高出一倍以上，且差距被进一步拉开，领先地位牢固。从各省来看，风电装机较为集中，装机容量达千万千瓦级的省份包括内蒙古、河北、新疆、山西、山东、江苏、甘肃、河南、宁夏、广东、辽宁、陕西、吉林、云南、青海、广西和黑龙江等 17 省份。相较 2022 年，云南、青海、广西和黑龙江新晋为千万千瓦级装机省份。排名前 10 的省份合计装机容量达到 28 717 万 kW，占全国风电总装机容量的 65.1%。2023 年各省风电装机容量具体如图 5-8 所示。

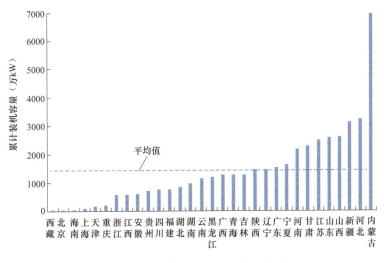

图 5-8   2023 年各省风电装机容量

5.2.2 发电量

（1）风力发电量现状及发展趋势。2023年，风力发电量8859亿kWh，同比增长1234亿kWh，同比增速16.2%，增速略有放缓，但仍处于较高水平。

2014年以来，我国风力发电量呈现逐年持续增长的发展态势，由2014年的1598亿kWh增至2023年的8859亿kWh，年均增长807亿kWh，年均增速18.3%。风电在各电源类型中所发挥的电量供应作用愈发重要。2014—2023年风力发电量如图5-9所示。

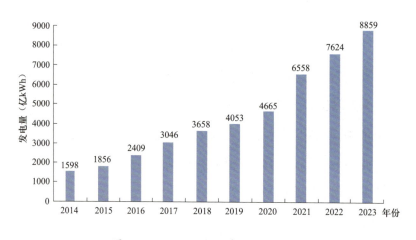

图5-9　2014—2023年风力发电量

（2）风力发电量在全国发电总量中占比。2023年，风力发电量在全国发电总量中占比为9.4%，同比提高了0.6个百分点。2014—2023年，风力发电量在全国发电总量中占比逐年稳步提升，但提升幅度有放缓趋势。随着风电消纳状况的进一步提升以及海上风电装机容量占比的逐步增大，占比有望进一步提升。2014—2023年风力发电量在全国发电总量中占比如图5-10所示。

（3）2023年各省风力发电量情况。2023年，内蒙古是全国风力发电量最大省份，达1355亿kWh，是全国唯一一个风电发电量超千亿kWh的省份，是排名第二位的河北（全年发电量为650亿kWh）两倍以上，进一步拉开领先优势，领先地位牢固。年发电量超300亿kWh的省份包括内蒙古、河北、新疆、

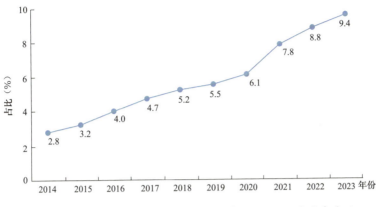

图 5-10　2014—2023 年风力发电量在全国发电总量中占比

山西、江苏、山东、甘肃、河南、辽宁和广东等 10 省份，其中，内蒙古、山东、甘肃、辽宁同比增长超过 25%。风力发电量在区域上较为集中，排名前 10 的省份发电量共计 5730 亿 kWh，占全国风电总发电量的 64.7%，提高了 0.2 个百分点。2023 年各省风力发电量具体如图 5-11 所示。

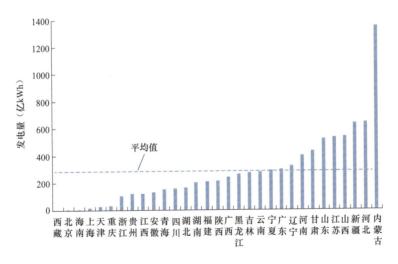

图 5-11　2023 年各省风力发电量

5.2.3　弃风电量和弃风率

2023 年，全国风电平均利用率 97.3%，同比上升 0.5 个百分点。其中，天

75

津、上海、江苏、浙江、安徽、福建、江西、重庆、四川、西藏、广西、海南平均利用率达到 100%；河北、河南、蒙西、蒙东、吉林、陕西、甘肃、青海、宁夏、新疆等地区低于全国平均水平，装机均超过千万 kW，高装机容量地区消纳压力更大。

5.2.4 发电设备利用小时

（1）全国风力发电设备利用小时情况。2023 年，6000kW 及以上电厂风力发电设备利用小时为 2225h，同比上升 4h，升幅为 0.2%。2014 年以来，我国 6000kW 及以上电厂风力发电设备利用小时呈波动中略有增长的趋势，在风电装机容量大幅增长的背景下，风电设备利用小时保持在相对较高水平运行，可再生能源保障性消纳举措在其中发挥了重大作用。2014—2023 年 6000kW 及以上电厂风力发电设备利用小时如图 5-12 所示。

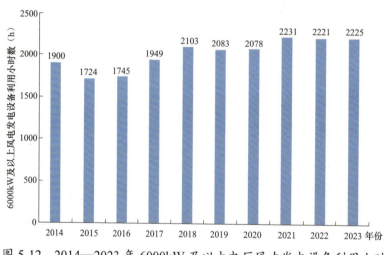

图 5-12　2014—2023 年 6000kW 及以上电厂风力发电设备利用小时

（2）2023 年各省风电设备利用小时情况。2023 年，6000kW 及以上电厂风力发电利用小时超过全国平均利用水平（2225h）的省份共计 15 个，其中西藏最高，达到 3472h。北京风力发电利用小时最低，仅有 1464h，不到西藏的一半。在全国装机容量超千万千瓦的 17 个省份中，山西、辽宁、江苏、吉林、广西、云南、内蒙古、黑龙江高于全国平均设备利用小时，其他省份则在全国平均设备利用小时以下。2023 年各省 6000kW 及以上电厂风力发电设备利用小时具体如图 5-13 所示。

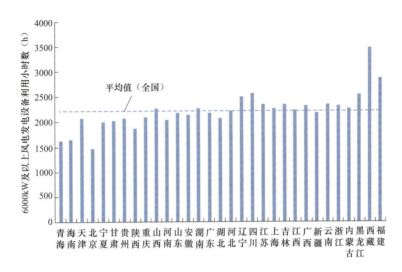

图 5-13 2023 年各省 6000kW 及以上电厂风力发电设备利用小时

5.3 风电盈利情况

风电盈利情况通过三峡能源、川能动力、节能风电、嘉泽新能、中闽能源、珠海港、龙源电力、立新能源等 8 家上市公司（除了嘉泽新能外，其他 7 家上市公司的第一大股东均为国资背景的能源开发企业）的主要财务指标反映，具体指标包括：毛利率、净利率、净资产收益率和资产负债率。同时，本节还将分析产业链中游整机商（金风科技、明阳智能等）和下游零部件供应商（中材科技、通裕重工、天顺风能等）财务状况，以较全面地展现产业链的盈利状况。

（1）典型风电开发企业主要财务指标表现。2023 年，典型风电开发上市公司的整体盈利能力相对 2022 年变化不大，毛利率和净利率分别为 46.4%、25.2%，同比提升 0.4、0.5 个百分点；净资产收益率为 9.3%，同比下降 0.1 个百分点。资产负债率为 65.7%，同比增长 1.1 个百分点，是 2015 年以来的最高值。整体而言，当前风电上市公司的主要财务指标尽管相对于 2021 年的高光期有所回落，但仍处于近十年来的中上水平。具体指标如表5-3所示。

表5-3　　　　　2014—2023年典型风电开发上市公司主要财务指标　　　　单位：%

指标	2014年	2015年	2016年	2017年	2018年	2019年	2020年	2021年	2022年	2023年
毛利率	44.4	43.6	48.5	21.9	32.9	45.4	49.1	54.3	46.0	46.4
净利率	9.8	14.6	22.3	12.6	17.7	23.2	24.7	34.2	24.7	25.2
净资产收益率	5.1	3.8	4.1	7.9	8.6	8.1	8.0	10.4	9.4	9.3
资产负债率	75.0	59.4	58.1	60.5	60.5	59.6	65.1	64.4	64.6	65.7

（2）典型风电整机商主要财务指标表现。风电整机商市场格局稳定，行业新增装机容量前十企业自2019年湘电风能和维斯塔斯被中车风电和三一重能取代后，成员再未发生变化，仅顺位略有变化。2023年，运达股份在连续两年居于第四位后上升一位至第三，而明阳智能则是多年以来首度跌出前三。2018—2023年我国风电整机商新增装机容量前十企业如表5-4所示。

表5-4　　　　　2018—2023年我国风电新增装机容量前十位整机商

序号	2018年	2019年	2020年	2021年	2022年	2023年
1	金风科技	金风科技	金风科技	金风科技	金风科技	金风科技
2	远景能源	远景能源	远景能源	远景能源	远景能源	远景能源
3	明阳智能	明阳智能	明阳智能	明阳智能	明阳智能	运达股份
4	联合动力	运达股份	电气风电	运达股份	运达股份	明阳智能
5	电气风电	东方电气	运达股份	电气风电	三一重能	三一重能
6	运达股份	电气风电	中车风电	中船海装	中车风电	东方电气
7	中船海装	中船海装	东方电气	中车风电	中船海装	电气风电
8	湘电风能	联合动力	三一重能	三一重能	电气风电	中船海装
9	维斯塔斯	中车风电	中船海装	东方电气	东方电气	中车风电
10	东方电气	三一重能	联合动力	联合动力	联合动力	联合动力

本节重点分析金风科技、明阳智能、运达股份、三一重能、电气风电、东

方电气等典型上市整机商的主要财务指标表现。2023 年，除东方电气净利率略有上升、三一重能净利率持平外，典型风电整机上市企业毛利率和净利率均同比下降，特别是毛利率平均降幅高达 14.8 个百分点。其中电气风电表现最不理想，在 2023 年亏损进一步扩大，净利率跌幅达 10.6 个百分点，毛利率也由正转负，跌幅近 30 个百分点，其主要原因为：交付的风机项目均为装机高峰后承接的平价项目订单，2023 年度平均销售价格较上年同期有较大幅度下降；同时受国内风电市场持续激烈竞争影响，2023 年市场招标价格不断下降，电气风电的风电机组销售订单价格也继续降低。在净资产收益率方面，明阳智能、三一重能和东方电气三家排名靠前的企业均有小幅提升，而其余三家企业净资产收益率偏低且同比下降。在资产负债率方面，典型风电整机上市企业同比均有所上升，整体财务风险较高，其中运达股份超过了 80%，电气风电在同比上涨 10 个百分点后也接近 80% 的水平。典型风电整机商主要财务指标如表 5-5 所示。

表 5-5　　　　　　　　　典型风电整机商主要财务指标　　　　　　　单位：%

企业	年份	毛利率	净利率	净资产收益率	资产负债率
金风科技	2018	26.0	11.4	12.4	67.5
	2019	19.0	5.8	7.2	68.7
	2020	17.7	5.3	8.7	68.0
	2021	22.6	6.9	9.7	69.5
	2022	17.7	5.3	6.3	70.5
	2023	5.0	3.0	3.8	72.0
明阳智能	2018	25.1	6.1	8.6	78.1
	2019	22.7	6.3	10.6	79.6
	2020	18.6	5.8	9.3	70.8
	2021	21.4	10.9	16.9	69.9
	2022	20.0	11.2	12.3	58.9
	2023	6.4	6.9	13.4	66.1

续表

企业	年份	毛利率	净利率	净资产收益率	资产负债率
运达股份	2018	19.1	3.6	12.5	85.4
	2019	17.2	2.1	7.0	86.8
	2020	13.8	1.5	9.7	88.5
	2021	16.8	3.1	18.0	88.7
	2022	17.8	3.6	12.7	82.9
	2023	2.3	2.2	7.9	84.6
三一重能	2018	31.0	−32.3	/	124.0
	2019	34.3	8.5	/	113.8
	2020	29.9	14.7	65.3	84.7
	2021	28.6	15.6	41.4	78.4
	2022	23.6	13.4	14.7	57.7
	2023	16.1	13.4	15.7	61.7
电气风电	2018	20.8	5.4	7.4	66.3
	2019	18.5	4.6	5.5	67.4
	2020	16.6	3.9	5.7	66.1
	2021	14.7	−7.8	−17.2	67.4
	2022	15.9	−2.0	−6.5	67.3
	2023	−13.8	−12.6	−21.6	77.3
东方电气	2018	20.7	3.9	3.8	66.4
	2019	21.5	4.4	4.3	64.5
	2020	20.4	5.3	6.0	65.6
	2021	17.3	5.2	7.0	65.7
	2022	16.5	5.6	8.2	66.5
	2023	6.6	6.0	8.6	67.1

（3）典型风电零部件供应商主要财务指标表现。本部分重点关注叶片、塔筒和轴承等零部件，各选取了 2 家典型供应企业分析主要财务指标表现，叶片

选取行业龙头企业中材科技和时代新材（两家单位合计行业市场占有率已超50%），轴承选取了通裕重工和新强联（国外轴承企业行业市场占有率合计超70%，亟待提升国产替代率，选取的两家单位在国内处于行业相对较为领先），塔筒选取天顺风能和大金重工（风电塔筒陆上设备一般会根据 500km 的运输半径布置产能，导致行业集中度不高，选取的两家单位排名行业市场占有率前两位）。各典型供应企业主要财务指标如表 5-6 所示。

两家典型叶片供应企业财务表现有较大差异，但毛利率、净利率和净资产收益率均同比大幅下降，资产负债率均有所上升。

除新强联的净利率均有所上升外，两家典型轴承供应企业其他主要财务指标均有所下降，毛利率降幅更是均超过 10 个百分点。

两家典型塔筒供应企业的毛利率均有所下降，但净利率均有所上升，天顺风能的净资产收益率和资产负债率有所上升，大金重工则有所下降。

整体而言，零部件供应商的收益水平出现了较大程度的波动，特别是毛利率全面下行，毛利率、净利率和净资产收益率均处于近三年来的低位；资产负债率尚处于中等或较低水平。

表 5-6　　　　　　典型风电零部件供应企业主要财务指标　　　　　　单位：%

企业	年份	毛利率	净利率	净资产收益率	资产负债率
中材科技 （叶片）	2018	26.9	8.7	8.8	54.2
	2019	26.9	10.5	11.8	56.4
	2020	27.1	10.5	15.6	58.3
	2021	30.0	17.1	23.8	58.5
	2022	25.5	16.9	20.3	51.9
	2023	11.7	10.5	10.3	53.4
时代新材 （叶片）	2018	14.8	−3.6	−9.1	66.4
	2019	16.2	0.2	1.2	69.8
	2020	17.8	2.1	6.8	69.1
	2021	13.7	1.6	3.8	69.4

企业	年份	毛利率	净利率	净资产收益率	资产负债率
时代新材（叶片）	2022	12.1	2.1	6.5	63.3
	2023	2.3	1.9	5.0	64.2
通裕重工（轴承）	2018	23.2	6.8	4.2	48.6
	2019	25.9	6.3	4.4	55.3
	2020	23.8	7.1	6.9	53.5
	2021	17.5	5.2	4.4	51.3
	2022	15.8	4.2	3.6	56.0
	2023	4.5	3.6	3.0	55.4
新强联（轴承）	2018	29.5	12.5	10.6	33.3
	2019	31.1	15.5	15.6	36.7
	2020	30.5	20.6	28.1	54.7
	2021	30.8	20.8	15.0	43.9
	2022	27.5	12.4	8.2	56.9
	2023	15.7	13.9	7.6	46.4
天顺风能（塔筒）	2018	26.1	13.0	9.0	58.2
	2019	26.3	12.8	12.9	54.5
	2020	23.5	13.7	15.7	53.3
	2021	21.6	16.0	16.8	50.0
	2022	19.0	9.1	7.6	58.2
	2023	11.5	10.1	8.8	63.3
大金重工（塔筒）	2018	20.4	6.5	3.5	38.5
	2019	22.9	10.4	8.8	45.6
	2020	25.5	14.0	19.3	48.3
	2021	23.0	13.0	19.3	54.9
	2022	16.7	8.8	6.9	42.2
	2023	11.2	9.8	6.2	32.4

（4）产业链分析。风电开发企业是风电产业链的下游，整机商是风电产业

链的中游，零部件供应商是产业链的上游，产业链上、中、下游企业的发展较为不平衡。

风电产业正处于供需关系重新调整的过渡期，虽然需求有所回暖，利好行业发展，但产能存在较大的富余。近两年国内风电整机的年产能达到了 100GW 左右，大幅高于新增装机规模，而各整机商仍倾向于通过扩产来巩固自身市场份额。此外，我国风电制造业产能已占全球产能 50% 以上，但产品销往海外市场的比例还不足 20%，大部分还是需要在国内市场消化，引致国内竞争越发激烈。供需关系的变化首先对风电整机商带来显著冲击，并进一步传导至上游的零部件商。从 2023 年产业链财务盈利指标来看，风电整机商、零部件供应商的财务指标表现，特别是毛利率普遍出现不同程度的下滑，风电整机商最甚，出现大幅度的下降，部分头部零部件供应商也受到较严重冲击，而风电开发企业盈利情况基本保持平稳。财务数据受影响程度反映出的就是产业链中各方的议价能力，开发企业紧抓项目开发资源，在当前拥有最强的议价权。

长远来看，我国乃至全球的"双碳"目标驱使下风电产业仍大有可为，风电产业链上、中、下游企业需要共同打造互利共生的良性合作环境。然而，行业的大发展并不意味着行业内企业都能均等地分享到发展红利，多数企业前两年就已陆续出现了营收、净利增长失速的情况，各公司毛利率水平大幅缩水，营收增速也有所放缓，状况并不乐观。因此，各企业应更为重视综合能力的提升，如技术创新研发、产能合理规划与布局、经营成本管控等，只有具备领先技术能力和产业链整合能力的优质企业才会拥有更加广阔的成长空间。同时，风电的出海空间巨大，存量机组的升级需求也会带来红利。从 2015 年起，中国风电设备出口装机容量呈快速增长态势，复合年均增长率超 50%，未来预计将继续保持较高增长率❶。在国内外风电装机持续增长背景下，海上风电往深远海的拓展、风机大型化带来的需求升级和变桨系统带来的产品创新等，有望带来产业链和供应链的结构性新红利。

---

❶　中国风电出口排在前五的国家分别为乌兹别克斯坦，占比约 25%；埃及，占比约 14.1%；南非，占比约 9.4%；老挝，占比 8.8%；智利，占比 7.9%。

5.4　风电发展前景展望

（1）投资趋势。未来三年，风电投资规模仍将维持较高水平。主要原因如下：①可再生能源发展趋势向好。2023 年全球可再生能源新增装机容量比 2022 年增长 50%，装机容量增长速度比过去 30 年的任何时候都要快，全球可再生能源装机容量将步入快速增长期，而中国是全球可再生能源领域的领跑者。②风电行业发展基本面向好。风电大型化带来的成本下降，提升风电开发商开发意愿。大型风电光伏基地项目建设加紧推进，预计陆上风电将保持稳步增长，前期制约国内海风项目推进的外部因素逐步解除，海上风电向深水远岸发展，将迎来快速增长。③利好政策提供良好预期。国家和地方出台一系列支持风电开发建设的政策，包括拓展可再生能源农村应用场景、加强可再生能源综合管理、推动海上风电规范化与协同融合发展以及推进风电场改造升级和退役管理等。国家能源局提出巩固扩大风电光伏良好发展态势，将 2024 年风电、光伏装机增加 2 亿 kW 左右作为工作目标。

（2）供应形势。未来三年，我国风电装机容量占比和发电量占比仍将继续稳步提升，平均新增装机容量将超过 2023 年水平。主要原因如下：①风电成为新增电力的主要来源，社会经济发展需要风电超前快速发展。2021～2023 年，基建新增装机容量的 26.6%、18.8%、20.5% 来自于风电，且风电投资重返高位水平，风电在电力增量中的贡献占比有望再提高。②国内产业链的有力支撑。中国在可再生能源领域具有技术、成本优势和长期稳定的政策环境，风电产业链体系建成并成长至全球领先，为风电开发建设提供坚实有力的支撑。③资源禀赋丰富，风电开发潜力巨大。风机大型化成为陆上风电的发展趋势，陆上风机将"高"上天。海上风电受地形限制小，目前的开发正从近海向深远海逐步推进，海上风电将"深"水化。"一高"和"一深"，极大拓展了我国风电发展的新"蓝海"。④风电利用小时数维持在历史较高水平，且随着海上风电装机占比的提高，该指标有望进一步提升，在电量支撑上风电可以发挥更大作用。

（3）盈利状况。未来三年，风电开发企业盈利状况仍将处于历史较好水平。主要原因在于：①占据产业链中有利位置。随着国内风电设备供需关系的改变，风电开发企业的议价能力相对更强，财务盈利水平有望继续维持在较好水平。②规模化开发与技术进步带来成本下降。未来，风电成本仍有较大的下降空间，风机大型化和大型风电基地开发有助于全产业链降本增效，技术升级、国产替代等也会进一步降低单位造价成本，特别是海上风电当前造价仍较高、下降空间更大。

（4）综合展望。未来三年，在陆上风电稳步提升和海上风电快速增长的共同驱动下，风电年均投资规模预计仍将处于历史高位水平；风电平均利用率继续保持在较高水平，装机容量和发电量占比将稳步提升；风电建设成本会进一步下降，尤其是海上风电成本下降幅度可能较大；风电整体盈利状况仍有望保持在较好水平。

第 6 章

光伏发电投资及发展形势分析

创新引领
智力共享

太阳能发电包括太阳能光伏利用和光热利用两类。我国光热发电目前装机规模不足光伏装机容量的 1‰，因此，本章统一采用光伏发电的表述方式，其中投资、发电利用小时指标数据含光热发电。

6.1　光伏发电投资情况

6.1.1　投资规模

2023 年我国光伏发电投资 4316 亿元，同比大幅增加 1452 亿元，同比增长 50.7%。2014 年以来，我国光伏发电投资呈前期波动起伏、后期快速增长的发展态势。近年来，集中式大基地、工商业光伏、户用光伏齐头并进，光伏投资迎来爆发式增长，2023 年更是在 2022 年高基数的情况下保持高增速，首次突破 4000 亿规模，超过 2019 年及以前的年度电源总投资。2014—2023 年光伏发电投资规模如图 6-1 所示。

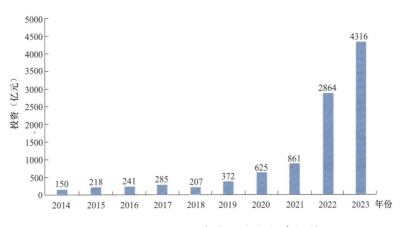

图 6-1　2014—2023 年光伏发电投资规模

2023 年光伏发电投资在电源总投资中占比 42.2%，同比增长 3.8 个百分点，占比继续维持各电源首位。从 2020 年开始，光伏发电投资在电源总投资中的占比迎来快速增长，2014—2023 年光伏投资在电源总投资中占比如图 6-2 所示。

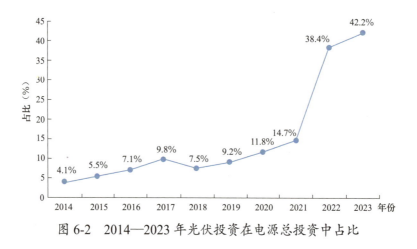

图 6-2　2014—2023 年光伏投资在电源总投资中占比

6.1.2　成本情况

2023 年我国光伏电站的平均造价为 3400 元/kW，同比下降 730 元/kW，降幅 17.7%。从成本构成看，管理费用、电网接入成本和一次性土地费用等非技术成本约占 16.5%（不包含融资成本），包括组件、逆变器、固定式支架、建安费用、一次设备、二次设备和电缆在内的系统成本占比约 83.5%，和 2022 年基本持平。其中组件约占投资成本的 38.8%，同比下降 8.2 个百分点。2023 年我国分布式光伏系统的平均造价为 3180 元/kW，同比下降 560 元/kW。

2023 年光伏投资成本价格相较于 2021、2022 年有明显下降，以 2016 年为基准更是下降超过 50%。成本下降的主要原因在于光伏组件产能大幅释放，供需形势发生明显变化。预计随着光伏组件供需形势的逆转，未来数年光伏投资成本仍有下降空间。2014—2023 年我国光伏发电单位造价水平具体如表 6-1所示。

表 6-1　　　　2014—2023 年我国光伏发电单位造价水平　　单位：元/kW

年份	2014 年	2015 年	2016 年	2017 年	2018 年	2019 年	2020 年	2021 年	2022 年	2023 年
光伏发电	8620	8466	—	—	—	—	—	—	—	—
集中式	—	—	8393	7258	4920	4550	3990	4150	4130	3400
分布式	—	—	7531	6605	4180	3840	3380	3740	3740	3180

6.1.3　投资政策环境

近年来，国内新能源发展的环境和要求已经发生的重大变化，从 2023 年以来出台的光伏行业相关政策，可以看出国家对光伏开发建设的进一步规范、支持和引导。

（1）进一步优化完善新能源消纳的机制。2024 年 3 月，国家发展改革委发布《全额保障性收购可再生能源电量监管办法》（国家发改委 15 号令），明确了保障性收购电量是指按照国家可再生能源消纳保障机制、比重目标等相关规定，应由电力市场相关成员承担收购义务的电量；市场交易电量是指通过市场化方式形成价格的电量，由售电企业和电力用户等电力市场相关成员共同承担收购责任；对未达成市场交易的电量，在确保电网安全的前提下，电网企业、电力调度机构可按照相关规定，采用临时调度措施充分利用各级电网富余容量进行消纳。同时规定，因可再生能源发电企业原因、电网安全约束、电网检修、市场报价或者不可抗力等因素影响可再生能源电量收购的，对应电量不计入全额保障性收购范围，电网企业、电力调度机构、电力交易机构应记录具体原因及对应电量。

（2）规范光伏发电用地管理。2023 年 3 月，自然资源部办公厅、林草局办公室、能源局综合司印发《关于支持光伏发电产业发展规范用地管理有关工作的通知》（自然资办发〔2023〕12 号），明确了光伏发电用地用林用草的相关政策规定，提出"在严格保护生态前提下，鼓励在沙漠、戈壁、荒漠等区域选址建设大型光伏基地"，为大型光伏基地建设提供了土地要素保障。

（3）明确分布式光伏纳入绿色电力证书的核发范围。2023 年 7 月，国家发展改革委、财政部、国家能源局印发《关于做好可再生能源绿色电力证书全覆盖工作 促进可再生能源电力消费的通知》（发改能源〔2023〕1044 号），将绿证核发范围从陆上风电和集中式光伏发电项目扩展到包括分布式光伏在内的所有已建档立卡的可再生能源发电项目，实现绿证核发全覆盖。

（4）持续完善光伏产业标准体系。2023 年 12 月，工信部印发《太阳能光伏产业综合标准化技术体系（2023 版）》（征求意见稿），将规范光伏产品的性能指标和测试方法，促进光伏产品的创新设计和优化组合，引领光伏产品的前沿技术和新材料的研发和应用。2023 年 12 月，住建部办公厅印发《光伏发电工程验收规范（局部修订征求意见稿）》，增加光伏电站配置储能系统的验收，进一步规范光伏发电工程建设。

（5）提高光伏等可再生能源的消纳能力。2024 年 3 月，国家能源局印发《关于新形势下配电网高质量发展的指导意见》（发改能源〔2024〕187 号），提出有针对性加强配电网建设，评估配电网承载能力，引导分布式新能源科学布局、有序开发、就近接入、就地消纳。

6.2 光伏发电供应情况

2023 年，光伏历史性的超高投资带来了装机规模的爆发式增长，首度超过水电为装机第二大电源；发电量同比大幅提升，成为电量第四大来源。

6.2.1 装机容量

（1）光伏发电新增装机容量。2023 年我国光伏新增装机 21 753 万 kW，创历史新高。其中，新增分布式光伏在总新增装机容量中占比降至 44.5%，同比下降 14.0 个百分点，自 2020 年之后再次落后于光伏电站的增长。2014—2023 年新增光伏发电装机容量结构具体如图 6-3 所示。

（2）光伏发电装机发展现状及趋势。2023 年光伏发电装机容量 61 048 万 kW，同比增长 55.5%。2014 年以来，我国光伏发电装机容量呈现连年高速增长的发展态势，2014—2023 年年均增长 6506 万 kW，年均增速 42.7%。2014—2023 年光伏发电装机容量如图 6-4 所示。

（3）光伏发电装机容量在我国电源总装机容量中占比。2023 年光伏发电装机容量在我国电源总装机容量中占比 20.9%，同比提高 5.6 个百分点。2014 年以来，光伏发电装机容量在我国电源总装机容量中占比逐年提升，至 2023 年首次超过水电，成为第二大电源。2014—2023 年光伏发电装机容量在我国电源总装机容量中占比如图 6-5 所示。

图 6-3　2014—2023 年新增光伏发电装机容量及结构

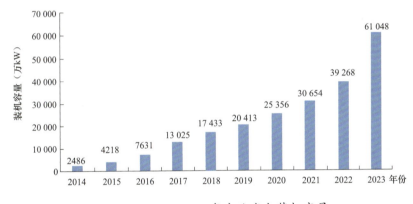

图 6-4　2014—2023 年光伏发电装机容量

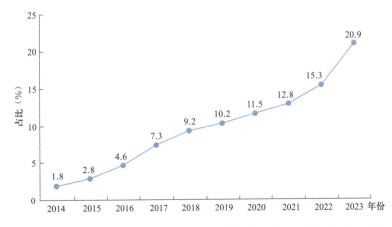

图 6-5　2014—2023 年光伏发电装机容量在我国电源总装机容量中占比

（4）2023 年各省光伏发电装机容量。2023 年，河北新增光伏装机容量最多，全年新增 1561 万 kW。云南、新疆、山东、江苏和河南新增光伏装机容量位居第二至第六，分别为 1514 万 kW、1429 万 kW、1423 万 kW、1420 万 kW、1399 万 kW。总体来看，光伏装机容量高的省份一般新增装机也较高。

2023 年山东光伏发电装机容量达 5693 万 kW，继续在各省中排名第一，河北 5416 万 kW 紧随其后，排名第二，与其余省份进一步拉开差距。2023 年光伏发电装机容量达千万 kW 级的省份达到 20 个。前十省份合计装机 35 825 万 kW，占全国装机总量的 58.8%，同比下降 3.2 个百分点。相较水电和风电，光伏发电装机在各省的发展和布局相对更为均衡，主要是由于全国范围内太阳能资源相较水力和风能分布相对更为均衡。

2023 年各省光伏新增装机及现有装机容量如图 6-6、图 6-7 所示。

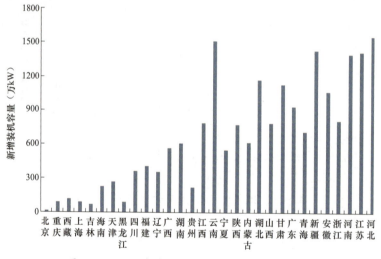

图 6-6　2023 年各省光伏发电新增装机容量

6.2.2　发电量

（1）光伏发电量现状及发展趋势。2023 年光伏发电量 5842 亿 kWh，同比增长 1566 亿 kWh，增速为 36.7%，保持高速增长。2014 年以来，光伏发电量呈现逐年大幅提升的发展态势。2014—2023 年，发电量由 235 亿 kWh 增至 5842 亿 kWh，年均增长 623 亿 kWh，年均增速 42.9%。2014—2023 年光伏发电量如图 6-8 所示。

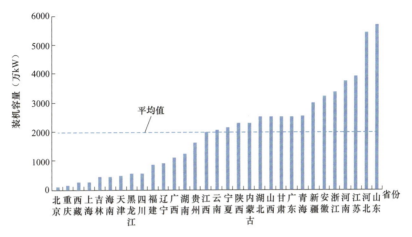

图 6-7　2023 年各省光伏发电装机容量

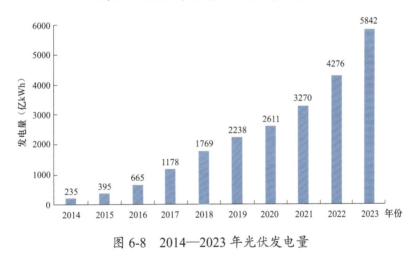

图 6-8　2014—2023 年光伏发电量

（2）光伏发电量在全国发电总量中占比。2023 年光伏发电量在全国发电总量中占比为 6.2%，同比提高 1.3 个百分点。随着光伏发电装机容量占比的提高，发电量占比也逐步提高。2014—2023 年光伏发电量在全国发电总量中占比如图 6-9 所示。

6.2.3　弃电量和弃光率

（1）全国弃光电量和弃光率整体情况。2023 年全国弃光电量 117 亿 kWh，同比增加 43 亿 kWh，弃光率 2%。在光伏装机大幅增长的背景下，弃光率尽管同比上升0.3个百分点，但仍连续5年保持在2%以下，总体上光伏发电消纳情况保持良好态势。2016—2023年光伏发电消纳数据如表6-2所示。

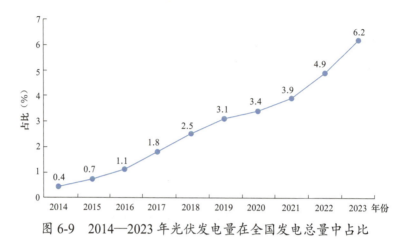

图6-9　2014—2023年光伏发电量在全国发电总量中占比

表6-2　　　　　　　2016—2023年光伏发电消纳数据

类别	单位	2016年	2017年	2018年	2019年	2020年	2021年	2022年	2023年
弃光电量	亿kWh	75	73	55	46	52	67	73	117
弃光率	%	10.1	5.8	3	2	2	2	1.7	2

（2）弃光典型省份情况。以新疆、甘肃等为代表的西北地区省份弃光现象相对严重，随着风光大基地推进，新能源消纳难度增大，2023年弃光现象出现反弹。除青海弃光率略有下降外，西藏、新疆、甘肃光伏消纳水平均不如2022年。2016—2023年弃光典型省份消纳数据如表6-3所示。

表6-3　　　　　　　2016—2023年弃光典型省份消纳数据统计

典型省份		2016年	2017年	2018年	2019年	2020年	2021年	2022年	2023年
弃光率	西藏			43.6%	24.1%	25.4%	19.8%	20.0%	22.0%
	新疆	31%	22%	16%	7.4%	4.6%	1.7%	2.8%	3.1%
	甘肃	30%	20%	10%	4.0%	2.2%	1.5%	1.8%	5.0%
	青海			4.7%	7.2%	8.0%	13.8%	8.9%	8.6%

6.2.4　发电设备利用小时

（1）全国光伏发电设备利用小时情况。2023年6000kW及以上电厂光伏发电设备利用小时为 1286h，同比降低 54h。2014 年以来，我国 6000kW 及以上电厂光伏发电设备利用小时先降后升，自 2018 年起维持在 1280h 以上。2014—2023 年 6000kW 及以上电厂光伏发电设备利用小时如图 6-10 所示。

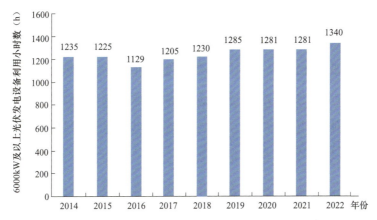

图 6-10　2014—2023 年 6000kW 及以上电厂光伏发电设备利用小时

（2）2023 年各省光伏发电设备利用小时情况。2023 年，6000kW 及以上电厂光伏发电利用小时超过全国平均利用水平（1286h）的省份共计 12 个，包括山东、天津、河北、山西、青海、甘肃、内蒙古、宁夏、辽宁、四川、吉林和黑龙江等。2023 年各省 6000kW 及以上电厂光伏发电设备利用小时具体如图 6-11 所示。

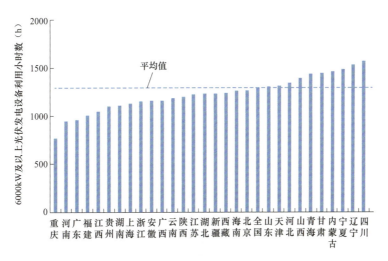

图 6-11　2023 年各省 6000kW 及以上电厂光伏发电设备利用小时

6.3 光伏发电盈利情况

本节从光伏发电板块和光伏制造板块考察光伏发电行业盈利情况，关注板块内上市企业财务指标，包括毛利率、净利率、净资产收益率和资产负债率。其中光伏发电板块选取了浙江新能、太阳能、南网能源、银星能源、珈伟新能、兆新股份 6 家光伏发电企业，光伏制造板块选取天合光能、隆基股份、协鑫集成、东方日升、阳光电源、科士达 6 家光伏制造企业。主要财务指标如表 6-4 和表 6-5 所示。

表 6-4　2014—2023 年 6 家典型光伏发电企业主要财务指标　　单位：%

指标	2014 年	2015 年	2016 年	2017 年	2018 年	2019 年	2020 年	2021 年	2022 年	2023 年
毛利率	27.3	31.8	38.1	37.5	37.9	41.5	40.6	37.7	34.1	33.5
净利率	2.9	5.2	18.1	12.7	−16.6	−21.7	13.7	−20.2	13.9	6.9
净资产收益率	3.1	6.5	7.9	5.1	−5.5	−6.0	4.6	−3.1	5.6	2.7
资产负债率	69.0	71.4	54.5	55.6	59.4	56.7	56.2	55.0	49.5	48.4

表 6-5　2014—2023 年 6 家典型光伏制造企业主要财务指标　　单位：%

指标	2014 年	2015 年	2016 年	2017 年	2018 年	2019 年	2020 年	2021 年	2022 年	2023 年
毛利率	21.0	23.1	23.6	23.1	20.6	22.8	20.6	17.0	17.1	19.8
净利率	26.1	10.0	8.7	9.2	5.5	7.8	0.1	−1.0	7.4	8.0
净资产收益率	8.9	17.3	12.2	13.4	7.8	11.1	1.5	−0.6	16.3	19.3
资产负债率	54.1	54.3	56.8	59.5	56.5	58.4	58.7	60.6	64.0	64.6

2023 年，6 家光伏发电企业主要盈利指标均同比下降，其中毛利率为 33.5%，资产负债率为 48.4%，基本保持上一年水平；净利率为 6.9%，同比下降超过 7 个百分点；净资产收益率为 2.7%，同比下降接近 3 个百分点。

2023 年，6 家光伏制造企业毛利率为 19.8%，同比上升超过 2 个百分点；净利率为 8.0%，为 2018 年以来的最好水平；净资产收益率为 19.3%，达到近十年来最好水平；资产负债率为 64.6%，仍保持近年来持续上升的趋势。

2023 年，光伏行业竞争加剧，光伏企业呈现两极分化、优胜劣汰趋势。优秀代表如天合光能，全年实现营收 1134 亿元，同比增长 33.3%。天合光能在 N 型 i-TOPCon 技术方面持续引领，实验室功率突破 740W，受益于 N 型先进产能的大幅提升，TOPCon 组件产品的销售占比显著提高；大功率 210 系列光伏产品销售大幅提升，出货量达到 65GW，位居全球第二。而表现欠佳的代表有跨界电池片的聆达股份，2023 年营业收入 8.4 亿元，同比减少 47.5%；归属于上市公司股东的净利润亏损 2.6 亿元，亏损同比扩大 1447.7%，主要原因是受到下属子公司金寨嘉悦临时停产的影响。由于电池技术的迭代加速和阶段性过剩风险显现，金寨嘉悦当前产线所采用的技术已经相对落后，无法满足市场对高效能电池片的日益增长的需求。

随着光伏产能的不断扩大，近期光伏企业盈利情况不容乐观。以龙头企业隆基绿能为例，2024 年一季度营业收入 177 亿元，同比大降 37.6%；归属于上市公司股东的净亏损为 24 亿元。隆基绿能上一次出现单季度亏损，还要追溯到 2013 年第一季度，其最新财务表现反映了整个光伏行业正面临巨大压力。

6.4　光伏发电发展前景展望

（1）投资趋势。预计未来三年光伏投资仍将维持高景气度，每年投资将保持 4000 亿元以上。主要原因如下：①光伏是达成"双碳"目标的重要支撑，在转向碳排放总量和强度双控制度的背景下，新增可再生能源和原料用能不纳入能源消费总量控制，光伏将发挥更大支撑作用。②我国光伏制造成本优势显著，2023 年光伏组件产能大幅释放，组件价格相比 2016 年下降超过 50%，产业链蓬勃发展有力支撑光伏投资建设。③国家持续推动光伏规模性开发，第一批大基地项目已陆续投产，第二批大基地项目逐步开工建设，第三批基地项目清单已正式印发实施。

（2）供应形势。未来三年，我国光伏装机容量和发电量将继续保持高位。

预计 2024 年全年光伏发电新增装机容量将再创新高，有望超过 2.5 亿 kW。主要原因如下：①风光新能源大基地的有序推进，保证了光伏容量和电量增长的基本盘。②组件性价比的持续提升将吸引更多工商业用户和居民用户开发分布式光伏资源。③国家对光伏等新能源的管理要求更加细化优化，对光伏开发建设的进一步规范，将持续支持和引导行业高质量发展。

（3）盈利状况。未来三年，光伏发电行业内企业盈利能力将呈现两极分化趋势，整体盈利情况不容乐观。主要原因如下：①光伏发电建设不断加速，但可再生能源电力消纳保障配套存在不确定性，开发企业的盈利预期需要考量更多因素。②光伏硅料、组件产能成倍扩大，光伏制造企业竞争加剧，在技术性能未能拉开差距的情况下，价格的比拼在所难免。③光伏产业链技术仍在持续开发迭代，但并非所有企业都能取得有效突破，预计不均衡的技术进步将加快产业链企业的两极分化、优胜劣汰。

（4）综合展望。未来三年，光伏投资建设将维持较高热度，光伏新增装机仍保持高位。光伏发电企业受可再生能源电力消纳要求变化的影响，盈利难以获得确定性的增长；光伏制造企业由于产能扩张较快叠加全球贸易保护抬头，将迎来新一轮挑战，产业链竞争导致各环节盈利持续收缩，进一步加快企业优胜劣汰。

第 7 章

电网投资及发展形势分析

我国电网行业高度集中，国家电网和南方电网供电人口合计超过 13.7 亿，占据绝大部分份额，故本章分析中，电能供应情况和电网盈利情况的部分指标选取国家电网和南方电网数据进行分析。本章投资规模数据口径仅包括电网基建投资完成额，不含电网企业技改和其他非电网业务投资。

7.1　电网投资情况

7.1.1　投资规模

2023 年我国电网投资规模 5277 亿元，同比增长 5.4%，实现 2017 年以来最高增速。总体看来，2016 年电网基建投资规模达到历史最高后，"十三五"期间改变了过去持续增长的趋势，伴随输配电价改革的深化，总体在调整中下降。进入"十四五"以来电网投资稳中有升，反映了电网基建投资稳经济、稳增长的助力作用以及"双碳"目标和新型电力系统建设背景下电网基建需求总体回升。2014—2023 年我国电网投资规模如图 7-1 所示。

图 7-1　2014—2023 年我国电网投资规模

2014—2023 年我国电网新增建设规模如图 7-2 所示。

从电网新增建设规模看，2023 年 220kV 及以上输电线路长度及 220kV 及以上变电设备容量均同比下降 1.4%，但仍处于过去 5 年的次高水平，电网规

图 7-2　2014—2023 年我国电网新增建设规模

模保持稳定增长。从近年发展来看，新增输电线路规模呈现波动趋势，新增变电设备规模整体呈上升趋势。

7.1.2　投资结构

从新增线路长度规模及发展情况看，2023 年 500kV 新增线路长度上升 4.6%，220kV 新增线路长度下降 0.3%。近十年除 2018 年外，500kV 线路新增规模总体保持稳定，近年连续 4 年略有上升；2014—2021 年 220kV 线路新增规模总体呈下降趋势，2022 年下降趋势得以扭转，大幅攀升至近十年最高水平，2023 年仍保持较高水平。2014—2023 年新增线路长度规模及发展情况如图 7-3 所示。

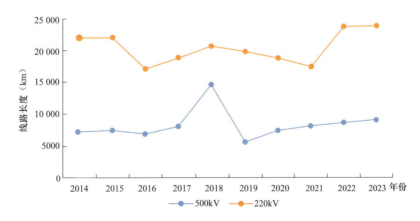

图 7-3　2014—2023 年新增线路长度规模及发展情况

从新增变电容量规模及发展情况看，2023 年 500kV 新增变电容量同比增长 9.0%，220kV 新增变电容量同比下降 7.0%。2014—2023 年 500kV 新增变电容量总体呈增长趋势，近 3 年增长速度较快；220kV 新增变电容量总体呈波动趋势。2014—2023 年新增变电容量规模及发展情况如图 7-4 所示。

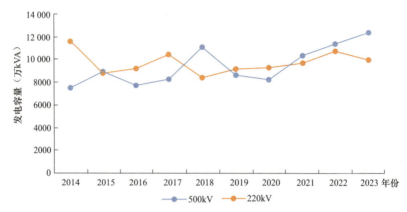

图 7-4　2014—2023 年新增变电容量规模及发展情况

7.1.3　投资环境

2023 年，我国经济运行回升、长期向好的基本趋势没有改变，发展新质生产力成为推动高质量发展的重要着力点，"双碳"目标下构建新型能源体系和新型电力系统建设向纵深推进。2023 年 7 月，中央深改委审议通过《关于深化电力体制改革加快构建新型电力系统的指导意见》，提出加快构建清洁低碳、安全充裕、经济高效、供需协同、灵活智能的新型电力系统。在电网领域，第三监管周期省级电网输配电价已于 2023 年 6 月 1 日起执行，在前两轮输配电核价基础上推动输配电价结构更加合理、功能定位更加清晰、激励约束机制更加健全。电网投资所面临的环境具体如下：

从宏观经济及政策看，在"稳中求进、以进促稳、先立后破"的经济工作主基调下，电网企业肩负"稳投资"社会责任，重大电网项目建设是稳增长、调结构、惠民生，促进经济社会高质量发展的重要抓手。电网投资既能满足日益增长的电力需求，又能拉动上下游产业链企业发展。相关政策密集出台也从推进数字化、加强农网发展、增强系统稳定、配电网高质量发展等维度强调电网的保障支撑作用。2023 年 3 月，国家能源局《关于加快推进能源数字化智能化发展的若干意见》（国能发科技〔2023〕27 号）提出以数字化智能化电网支撑新型电力系统建设。2023 年 7 月，国家发展改革委、国家能源局、国家乡村振兴局《关于实施农村电网巩固提升工程的指导意见》（发改能源规〔2023〕920号）提出到 2025 年农村电网网架结构更加坚强，农村电力保障水平得到全面巩固提升，到 2035 年基本建成安全可靠、智能开放的现代化农村电网，农村地区电力供应保障能力全面提升，城乡电力服务基本实现均等化。2023 年 9 月，国家发展改革委、国家能源局《关于加强新形势下电力系统稳定工作的指导意见》（发改能源〔2023〕1294 号）中提出构建分层分区、结构清晰、安全可控、灵活高效、适应新能源占比逐步提升的电网网架。2024 年 3 月，国家发展改革委、国家能源局《关于新形势下配电网高质量发展的指导意见》（发改能源〔2024〕187 号）提出到 2025 年，配电网网架结构更加坚强清晰，供配电能力合理充裕，配电网对分布式新能源、充电桩接入的承载力和灵活性显著提升等目标。

从电力供需看，电力需求将持续稳定增长。2023 年我国全社会用电量达到9.22 万亿 kWh，同比增长 6.7%；2024 年一季度全社会用电量同比增长 9.8%，南方五省区全社会用电量同比增长 10.5%，继续保持快速增长。城镇化和农村新增需求持续推动电力负荷增加，战略性新兴产业用电量增长明显，服务消费行业用电量持续回暖，工业、交通、建筑等领域电能替代持续加速带来用电新增量。但是随着能源转型深入推进，未来一段时间我国电力保供压力较大，极端天气、突发事件也将对电力供需产生一定冲击。

从构建新型能源体系和新型电力系统角度看，电网投资面临快速增加的需求。根据"五大六小"能源央企新能源装机目标，"十四五"期间新增新能源装机有望超过 6 亿 kW；国家电网和南方电网 2025 年新能源总装机容量将分别达到 8 亿 kW 和 1.5 亿 kW，需要同步配套新建输电通道和推进电网侧储能发展，以提高电网调控能力并保障能源安全供应。2024 年 1 月，国家发展改革委、国家能源局《关于加强电网调峰储能和智能化调度能力建设的指导意见》提出建设灵活智能的电网调度体系，形成与新能源发展相适应的电力系统调节能力。与此同时，电动汽车规模化接入不断提速，可再生能源的消纳需求持续提高。2023 年 12 月，国家发展改革委等部门《关于加强新能源汽车与电网融合互动的实施意见》（发改能源〔2023〕1721 号）提出强化电网企业支撑保障能力，要求电网企业要积极开展配套电网改造，加快智能有序充电和双向充放电业务体系建设系统。2024 年 3 月，国家发展改革委、国家能源局、农业农村部《关于组织开展"千乡万村驭风行动"的通知》（发改能源〔2024〕378 号）提出电网企业做好风电项目的并网接入工作，积极开展农村电网改造升级及配套电网建设，保障相关风电项目"应并尽并"。在以数字化绿色化协同促进新型电力系统和新型能源体系建设的新形势下，电网投资需求旺盛，亟须新建外送通道，提升配网智能化水平，更好支撑电力系统转型。

7.2 电能供应情况

7.2.1 供电可靠率

2023 年全国供电可靠率达到 99.911%，同比提高 0.015 个百分点，全国用户平均停电时间 7.83h/户，同比减少 1.27h/户；2016—2023 年全国供电可靠率稳步提升，平均停电时间逐步下降。2014—2023 年全国供电可靠率和平均停电时间如图 7-5 所示。

图 7-5　2014—2023 年全国供电可靠率

7.2.2　平均线损率

2023 年全国平均线损率为 4.54%，同比下降 0.3 个百分点；2014 年以来全国平均线损率连续下降，反映节能降耗越来越得到能源企业重视，电网企业的绿色节能水平不断提高。2014—2023 年全国平均线损率如图 7-6 所示。

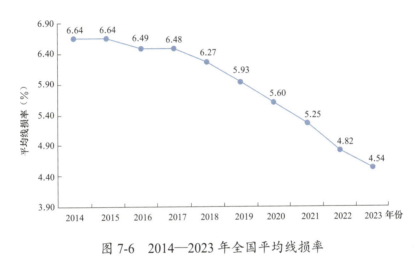

图 7-6　2014—2023 年全国平均线损率

7.2.3　售电量

电网售电量选取国家电网和南方电网两大重点企业数据进行分析。2023 年两网售电量合计 7.1 亿 kWh，其中国家电网售电量占比 81%，南方电网占比 19%；售电量同比增长 6.6%，其中国家电网增长 6.6%，南方电网增长 6.8%，增幅均同比上升。售电量增长主要得益于 2023 年中国经济持续稳健恢复。在宏观经济运行总体平稳、高新技术及装备制造业较快发展、第三产业新兴业态大量涌现、电能替代快速推广、城乡居民生活用电量持续增长、极端天气频发推高电力需求等因素综合影响下，"十三五"以来电网企业售电量呈持续增长趋势。2014—2023 年国家电网和南方电网售电量如图 7-7 所示。

图 7-7　2014—2023 年国家电网与南方电网售电量

7.3　电网盈利情况

7.3.1　资产总额

2023 年国家电网和南方电网资产总额合计 67 725 亿元，同比增长 5.2%，其中国家电网增长 4.8%、南方电网增长 7.2%；近 10 年来，国家电网和南方电网资产总额呈稳定增长趋势。2014—2023 年国家电网和南方电网资产总额如图 7-8 所示。

图 7-8　2014—2023 年国家电网与南方电网资产总额

7.3.2 营业收入

2023 年国家电网和南方电网营业收入合计 47 060 亿元,同比增长 8.5%,其中国家电网增长 8.2%、南方电网增长 10.0%。2023 年营业收入增长得益于售电量增长、战略性新兴产业快速发展等综合影响。近年来,国家电网和南方电网营业收入除 2015 年以外呈逐步增长趋势。2014—2023 年国家电网和南方电网营业收入如图 7-9 所示。

图 7-9 2014—2023 年国家电网与南方电网营业收入

7.3.3 利润总额与净资产收益率

2023 年国家电网和南方电网利润总额合计 1211.4 亿元,上升 17.4%,其中国家电网增加 11.8%、南方电网增加 46.2%,主要原因是营业收入快速增长,以及南方电网大集体企业理顺股权关系确认一次性投资收益,带来显著的利润增长。2017 年之前,国家电网和南方电网利润总额总体呈持续增长趋势,2018—2022 年波动中有所起落,2023 年实现快速增长并突破 1200 亿元,创下历史新高。2014—2023 年国家电网和南方电网利润总额如图 7-10 所示。

2023 年国家电网净资产收益率为 2.85%,南方电网净资产收益率为 4.02%,连续三年回升且南方电网回升幅度更大。从近 10 年发展来看,南方电网净资产收益率在 2015—2019 年相对国家电网有较大优势,但近三年两者净资产收

图 7-10　2014—2023 年国家电网与南方电网利润总额

益率差距并不明显。2020 年受疫情影响净资产收益率大幅下降，随后三年电网净利润明显恢复，净资产收益率随之稳步回升。2014—2023 年国家电网和南方电网净资产收益率如图 7-11 所示。

图 7-11　2014—2023 年国家电网与南方电网净资产收益率

7.4　电网发展前景展望

（1）投资趋势。未来三年，电网投资将稳步增长，保持 5200 亿元以上。主要原因如下：①在经济增速趋缓的新常态下，电网企业"稳投资"对于带动产业链发展，缓解企业上下游经营压力，稳定社会经济预期等意义重大。②在"双碳"目标约束下，为构建清洁低碳、安全可控、灵活高效、智能友好、开放互动的新型电力系统，电网基建投资需求依然旺盛。③加强网架建设特别是特高压电网建设与配电网建设，可推动解决可再生能源并网消纳、跨省跨区大范围调配、源网荷储融合互动等难题。预计 2024 年电网投资将超过 5300 亿。

（2）供应形势。未来三年，电能供应能力预计持续增强。主要原因如下：①随着融入和服务新时代西部大开发、乡村振兴、新型城镇化等国家重大战略实施，电网企业肩负的社会责任重大，电网安全性、可靠性、经济性将不断提升，以保障人民美好生活的用电需求。②经济增长带动能源需求上升，叠加终端能源消费电气化水平提升，以及新能源汽车的推广普及，预计未来全社会用电量继续增长，用电需求不断攀升，推动电网增强供电能力。

（3）盈利状况。未来三年，电网行业盈利状况总体将保持当前较低的盈利水平。主要原因如下：①第三轮输配电价格进一步强化了对电网企业的合理约束。②新能源发电利用小时数低于传统能源，电网投资利用效率有所下降。③电网企业管制业务内外部投资需求旺盛，"十四五"期间电网投资仍将保持较高规模，拉低经济效益。④电网企业非监管业务逐步发展，成为电网企业经济效益的主要贡献来源，但非管制业务核心竞争力和市场开拓能力有待进一步提升。综合分析，预计 2024 年电网企业净资产收益率将略有提升，但 2024—2026 年仍将保持在 3% 左右的低位水平。

（4）综合展望。未来三年电网基建投资将稳步增长，保持 5000 亿元以上，预计 2024 年电网基建投资将超过 5300 亿；电能供应能力持续增强，电网企业盈利状况总体仍将保持当前较低的盈利水平，2024 年电网企业净资产收益率将略有提升，但 2024—2026 年仍将维持在 3% 左右的低位水平。

第 8 章

新型储能投资及发展形势分析

新型储能是除抽水蓄能外，以电力为主要输出形式的储能技术，总体上可以分为物理储能和电化学储能两大类，包括锂离子电池储能、液流电池储能、压缩空气储能、飞轮储能等。当前电化学储能累计装机规模占新型储能比例超过 95%，考虑到电化学储能中的锂离子电池储能仍是绝对主流，本章固定投资规模、成本情况等主要基于锂离子电池储能相关数据进行近似测算。随着新型储能从商业化初级阶段向规模化方向发展，其成为电力行业中股权投资最为活跃的一个领域，因此特设一节对相关情况予以介绍。

8.1　新型储能投资情况

8.1.1　固定投资规模

新型储能领域尚无投资方面的公开统计数据。本报告根据新增装机规模、项目建设招标价格以及建设成本占比对固定投资规模进行估算，作为投资发展趋势判断的参考。2023 年我国新型储能投资规模 767 亿元，同比增长超过150%，随着"新能源+储能"成为新能源行业重要发展模式，新型储能投资增速维持高速增长。2023 年新型储能投资超预期增长，全年投资额和新增规模均创历史新高，当前已成为备受投资市场青睐的新能源赛道。2014—2023 年新型储能固定投资规模如图 8-1 所示。

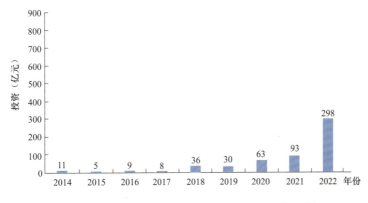

图 8-1　2014—2023 年新型储能固定投资规模

8.1.2 股权投资情况

据不完全统计，相较于 2022 年全年新型储能相关的 249 笔融资交易和 494 亿元的融资规模，2023 年融资事件显著增加至 394 起（含 IPO），同比增长约 60%，行业融资总规模成倍增长，或超千亿。

在 2023 年近 400 起融资事件中，储能材料领域占 81 起，比重约为 20%，是最热门的投资领域，紧随其后的是储能系统、钠电池、氢电池、PCS/BMS（储能变流器/蓄电池管理系统）、储能技术服务等。储能系统作为产业链下游应用环节，竞争格局的不确定性和潜在的发展空间使其收获了不少资本方的青睐。钠离子电池作为非锂电技术，该技术路线的应用虽仍在早期，但关注度较高，投资集中在钠电正负极材料等细分方向。随着储能的扩产，如何提高能源效率、促进精细化管理等问题逐渐被重视，储能技术服务作为后端应用也备受资本关注，智能电网、能量管理、电池检测、电池全生命周期管理、运维管理、安全管理等领域均发生投资事件。储能领域投资事件具体分布如图 8-2 所示。

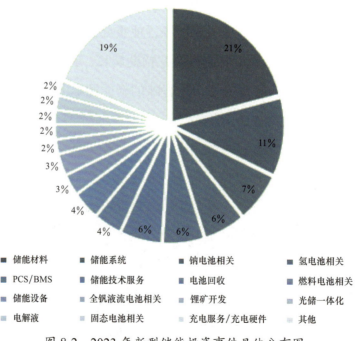

图 8-2 2023 年新型储能投资事件具体分布图

在新型储能领域的新格局中，国资国企正积极向产业上游延伸，在储能市场中加速扎根。能源电力国企一方面从自身产业优势出发，开展技术攻坚，培育新型储能业务，另一方面从自身新能源业务对储能的需求出发，成立全资子公司或合资公司，以此布局储能业务。2023 年 12 月，由广东省政府和南方电网牵头成立了国家级的新型储能创新中心，政企联合共建新型储能创新平台，加速新型储能技术成果的产业化，助力打造新型储能产业集群。2024 年 2 月，中国电气装备集团重组旗下储能公司，成立中国电气装备集团储能科技有限公司，整合储能业务。

国资国企入局将有力促进不同渠道和多方资源的有效整合，进一步发挥龙头企业的创新引领作用，对大规模新型储能技术在新型能源体系和新型电力系统中的实际部署和落地应用提供强大助力。国资国企与民营企业将携手构建良性互补的产业生态，在产业链不同环节、技术路线上进行协同互补，共同推动产业健康发展。

8.1.3　成本情况

当前新型储能成本相较于上年有所降低，但按照新型储能现有技术条件，度电成本仍约为抽水蓄能的 1.6—2.4 倍。新型储能成本是影响市场投资积极性乃至储能行业长期发展的核心因素。以锂离子电池储能电站为例，其主要成本包括储能电站建设成本（包括锂离子电池成本、电池配套设备成本、施工成本）、运维成本、财务成本和其他成本（如电力储存和释放成本、土地和基础设施成本、政策影响成本等）。建设成本中，锂离子电池成本约占 50%，由电池材料成本、人工制造成本、环保成本等组成；电池配套设备成本主要由储能变流器、电池管理系统、能量管理系统等采购成本组成；施工成本主要由设计、建筑、安装和调试等其他费用组成。运维成本是为保障储能系统在寿命期内正常运行而动态投入的资金，主要包括保障储能电站在服役期间正常运行需要投入的人工费、维护保养费以及部分储能器件的重置费用。财务成本一般包括银行贷款、发行债券等筹资措施产生的利息。锂离子电池储能电站的成本结构如图 8-3 所示。

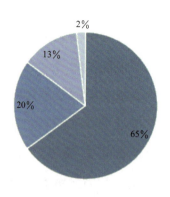

图 8-3 锂离子电池储能电站的成本结构

2023 年全球锂离子电池组平均价格为 979 元/kWh，同比下跌 14%。由于年内电池组主要原材料碳酸锂产能大幅增长，叠加需求增长低于预期，碳酸锂价格持续走低，带动锂离子电池组价格在 2023 年出现了近 5 年来的最大年度跌幅。据机构测算，2023 年国内碳酸锂产能增速约为 45%，产量增速约为 32%，但表观需求增速由 2022 年的 66% 下滑至 16%。国内锂矿企业月度开工率于 2022 年 6 月达到 69% 高点后不断回落至 2023 年 12 月的 46%，充分反映碳酸锂产能过剩的现实。尽管 2024 年一季度碳酸锂价格止跌企稳后，开始盘旋上涨，但碳酸锂供应过剩格局相对明确，在整体需求增量不及供给增量的情况下，碳酸锂价格总体上依然处于震荡下行阶段。2014—2023 年全球锂离子电池组平均价格如图 8-4 所示。

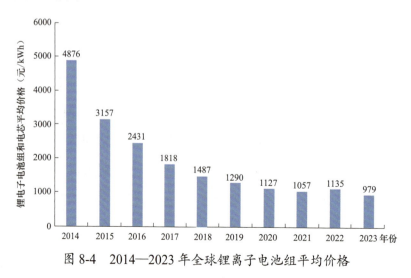

图 8-4 2014—2023 年全球锂离子电池组平均价格

2023 年，随着储能行业进入"快车道"，许多企业积极加码储能市场，储能产业规模急剧扩张。天眼查显示，2023 年新成立的储能相关企业多达 7.2 万家，是 2022 年的 1.8 倍，储能赛道新进者主要集中在储能系统集成领域。与电芯和储能变流器制造相比，储能系统集成技术门槛较低，其核心竞争力是直接面向电化学储能项目的订单获取能力。在市场需求未能达到预期的背景下，多数储能竞标企业不惜以利润下滑甚至亏损为代价，采取低价策略争夺订单、抢占市场份额。自 2023 年年初以来电化学储能项目中标均价整体呈现下降趋势，由 2023 年一季度平均 1.63 元/Wh 跌至 2024 年年初的 1.00 元/Wh，跌幅近 40%。2022 年 5 月—2024 年 2 月电化学储能项目月度开标容量及中标均价如图 8-5 所示。

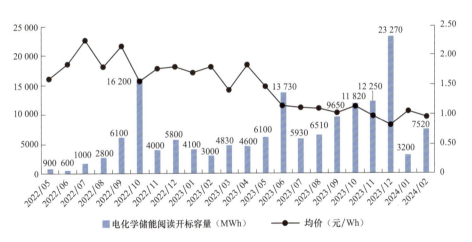

图 8-5　2022 年 5 月—2024 年 2 月电化学储能项目月度开标容量及中标均价

2024 年，在储能领域竞争格局未定的情况下，内卷与价格战预期仍将持续。储能产业链各环节企业将降本作为今年参与市场竞争的重要目标，尤其是储能系统集成企业对于电芯、电池配套设备（如储能变流器、温控系统、消防系统）等关键部件依然有着不同幅度的降本要求。电芯和储能变流器价格在 2023 年经历一整年的快速下跌后，继续下探空间有限，价格或趋于稳定。目前电芯的毛利率不足 5%，储能变流器的毛利率不足 20%，而储能温控和消防等辅助系统的毛利率基本在 30% 以上，存在明显降本空间。随着新的辅材企业进入，预计辅助系统仍有 10%至 15%的降价空间。降本的严苛要求及销售的低价策略，将使 2024 年的储能行业市场竞争更加激烈、洗牌危机加剧，储能项目成本或进一步降低。

8.1.4 投资政策环境

在经历近几年新型储能行业高速发展后，2023 年社会各界对新型储能在新型电力系统中的功能定位开始有更多"冷思考"，新型储能利用率偏低、系统调节作用有限、缺乏市场化盈利模式等问题引起越来越广泛的讨论。"十四五"后两年是新型储能行业由政策驱动向市场驱动转变的"分水岭"，2023 年以来新型储能的政策导向尤其值得重点关注。

（1）顶层政策文件进一步明确新型储能定位，加大发展力度仍是主风向。2023 年 7 月，中央全面深化改革委员会第二次会议审议通过《关于深化电力体制改革加快构建新型电力系统的指导意见》，强调要加快构建清洁低碳、安全充裕、经济高效、供需协同、灵活智能的新型电力系统。调节能力建设是落实"灵活智能"的关键举措，亟须加强源网荷储各侧调节资源建设。2023 年 9 月，国家发展改革委、国家能源局印发了《关于加强新形势下电力系统稳定工作的指导意见》，提出科学安排储能建设，积极推进新型储能建设，作为夯实电力系统稳定基础的关键举措之一。

2024 年 3 月，全国"两会"政府工作报告提出"加强大型风电光伏基地和外送通道建设，推动分布式能源开发利用，发展新型储能，确保经济社会发展用能需求"，新型储能首次被写入政府工作报告。2024 年 3 月，国家能源局印发《2024 年能源工作指导意见》，将发展新型储能作为提升电力系统稳定调节能力的举措之一，提出"推动新型储能多元化发展，强化促进新型储能并网和调度运行的政策措施"，进一步明确了新型储能作为调节性电源的功能定位。2024 年 5 月，国务院发布《2024—2025 年节能降碳行动方案》（国发〔2024〕12 号），积极发展新型储能，提升可再生能源消纳能力，到 2025 年底全国新型储能装机目标为超过 4000 万 kW。

可再生能源大规模、高比例接入背景下，新型储能是提高电力系统灵活性、保障电力供应安全、促进新能源大规模消纳的重要手段。从 2023 年以来国家层面的政策基调看，加大新型储能发展力度仍是当前主要政策导向。

（2）新能源消纳红线放开，新型储能发展驱动主因将往市场化导向转变。保障新能源消纳是之前几年新型储能发展的重要驱动因素，2018 年国家发展改革委和能源局印发的《清洁能源消纳行动计划（2018—2020 年）》（发改能源规〔2018〕1575 号）明确光伏和风电的发电利用率不低于 95%（即"95% 消纳红线"）。随着新能源装机规模爆发式增长，一味强调提高消纳比例，会在一定程度上带来电力系统经济性问题，同时也制约了新能源发展空间。2024 年 3 月，国家能源局印发《2024 年能源工作指导意见》，重点表示科学优化新能源利用率目标，印发 2024 年可再生能源电力消纳责任权重，以消纳责任权重为底线，以合理利用率为上限，推动风电光伏高质量发展。从"弃电量""弃电率"到"利用率"，再到"合理利用率"，新能源消纳指标导向正在发生变化，从强制约束指标逐步向平衡成本效益的动态指标转变。2024 年 5 月，国家能源局印发《关于做好新能源消纳工作　保障新能源高质量发展的通知》（国能发电力〔2024〕44 号），要求省级能源主管部门会同相关部门，在科学开展新能源消纳分析的基础上，确定新能源利用率目标，部分资源条件较好的地区可适当放宽新能源利用目标，原则上不低于 90%，这标志着原有消纳红线正式放开。

较长一段时间以来，新能源利用率属于强约束指标，新能源"强制配储"可以看作是为了满足消纳红线而衍生的配套政策，随着消纳红线进一步放开，预计"强制配储"政策将逐步退出，向更加有利于平衡成本效益的市场化配置模式转变。不过，当前新型储能市场机制还不成熟，短期还难以直接过渡切换。从 2023 年各地政策来看，近期新能源配储要求没有取消的趋势，反而在一定程度上有所加码，天津、河北、江苏三地配储比例相比 2022 年有所提升。2023 年新能源配备储能政策如表 8-1 所示。

表 8-1 　　　　　　　　　　　2023 年新能源配备储能政策

时间	省份	政策文件	配置要求	变化情况
2023 年 1 月	西藏	《关于促进西藏自治区光伏产业高质量发展的意见》	保障性并网新增项目：不低于 20%，4h 以上	/
2023 年 3 月	云南	《云南省发展和改革委员会云南省能源局关于进一步规范开发行为加快光伏发电发展的通知》	10%	/
2023 年 4 月	广西	《广西新型储能发展规划（2023—2030 年）》	并网陆上风电：20%，不低于 2h；光伏发电项目：15%，不低于 2h	/
2023 年 5 月	广东	《广东省促进新型储能电站发展若干措施》	不低于 10%，1h	/
2023 年 6 月	河南	《河南省人民政府办公厅关于加快新型储能发展的实施意见》	鼓励已并网的存量新能源项目按不低于 10%，2h 以上的要求配置新型储能	/
2023 年 6 月	河北	《河北省风电、光伏发电年度开发建设方案拟安排项目情况公示》	15%～20%	配储比例提高 5 个百分点
2023 年 6 月	山东	《鲁北盐碱滩涂地风光储输一体化基地"十四五"开发计划》	30%，2h	/
2023 年 8 月	甘肃	《关于甘肃省集中式新能源项目储能配置有关事项的通知》	"十四五"第一批风光电项目：5%～10%，2h 以上；第二批风光电项目：10%～15%，2h/4h	第二批相比第一批提高 5%
2023 年 9 月	天津	《关于拟纳入天津市 2023 年风电、光伏发电项目开发建设方案项目的公示》	不低于 15%	光伏配储比例提高 5 个百分点
2023 年 9 月	江苏	《省发展改革委关于进一步做好可再生能源发电市场化并网项目》	不低于 10%，2h	部分项目配储比例提高 2 个百分点
2023 年 10 月	湖北	《省能源局关于探索开展新能源项目竞争性配置的通知》	20%，2h（2.5h）	/
2023 年 11 月	四川	《四川省发展和改革委员会四川省能源局关于开展新型储能示范项目遴选工作的通知》	不低于 10%，2h 以上	/

续表

时间	省份	政策文件	配置要求	变化情况
2023 年 11 月	贵州	《贵州省新型储能项目管理暂行办法》	不低于 10%，2h	不变
2023 年 12 月	安徽	《安徽省能源局关于开展 2023 年风电和光伏发电项目建设规模竞争性配置工作的通知》	2h	/
2023 年 12 月	吉林	《抢先布局新型储能产业新赛道实施方案》	2023 年起新增新能源项目：15%，2h 以上	/

按照《"十四五"新型储能发展实施方案》的分阶段规划，"十四五"期间主要聚焦高质量规模化发展，"强制配储"作为推动新型储能装机规模快速扩张的主要支持政策，在产业起步阶段具有重要意义，"十五五"期间新型储能产业将以全面市场化发展为主要目标，随着市场机制、商业模式的成熟健全，预计"强制配储"政策将从 2025 年开始逐步退出。从新增储能结构比例变化看，电网侧和用户侧储能合计占比由 2022 年的 51% 继续上升至 2023 年的 62.4%，市场化配置已经逐渐成为当前储能发展的主要驱动因素。在此趋势下，储能项目投资将更加强调设备实用性，尤其是更为关注电池使用寿命、衰减速度等技术参数，行业技术门槛将继续抬高。

（3）针对总体利用率偏低问题，政策着重促进新型储能并网调度。根据中电联发布的《2023 年度电化学储能电站行业统计数据》，2023 年电化学储能电站的平均利用率为 27%❶，日均等效充放电 0.44 次❷，其中电源侧储能的整体利用情况最不理想，平均利用率仅为 17%，日均等效充放电 0.28 次。针对新型储能总体利用水平较低、部分储能项目"建而不用"的问题，2024 年 4 月国家能源局印发了《关于促进新型储能并网和调度运用的通知》（国能发科技规〔2024〕26 号），进一步明确了新型储能的功能定位，明确接受电力系统调度的新型储能范围，要求电网企业制定新型储能并网和调度程序规则，并鼓励并网

---

❶ 实际利用小时与设计利用小时之比，100% 表示完全满足电站设计。

❷ 实际充放电量与 2 倍电站容量之比，估算平均每日满充满放次数。

调度技术优化升级和标准完善。该通知出台有助于规范新型储能并网调度机制，助力其更好发挥促进新能源消纳和电力系统安全稳定运行的功能作用，并为新型储能参与电能量市场和辅助服务市场奠定基础。

（4）新型储能市场化交易、容量电价等机制模式在地方试点逐步推开。随着独立储能规模与占比均逐步提升，其商业模式机制需要进一步理顺。目前独立储能市场化交易和容量电价机制备受关注，被视为实现商业盈利的重要渠道，近年来按照"国家定调方向+地方试点开展"的路径稳步推进，2023年以来均已取得实质性进展。

在市场化交易方面，山东、广东储能电站已正式进入电力市场交易。2022年2月国家发展改革委、国家能源局发布《"十四五"新型储能发展实施方案》，明确了新型储能的独立市场主体地位，随后《关于进一步推动新型储能参与电力市场和调度运用的通知》《关于促进新型储能并网和调度运用的通知》等文件进一步从国家层面明确了新型储能参与电力市场的相关机制。各地电力市场同步陆续出台相关交易规则，并推动试点项目进入电力市场交易。2022年1月印发的《山东省电力现货市场交易规则（试行）》明确提出独立储能可自主参与调频辅助服务市场或以自调度模式参与电能量市场，是国内首个允许独立储能参与现货市场的规则。2023年4月，广东省能源局、国家能源局南方监督局印发《广东省新型储能参与电力市场交易实施方案的通知》，提出独立储能和电源侧储能可以参与中长期、现货电能量交易和辅助服务交易，其中新能源和配建储能作为整体联合参与市场交易。2023年10月，南网储能公司投资的梅州宝湖独立储能电站以"报量报价"方式参与电力现货市场交易，成为广东首个"入市"的独立储能项目。2024年1月发布的《山东电力市场规则（试行）》提出含配建储能的新能源场站和独立储能电站可以通过报量报价方式参与现货市场。

在容量电价机制方面，2022年5月，国家发展改革委、国家能源局发布《关于进一步推动新型储能参与电力市场和调度运用的通知》，提出研究建立电网侧独立储能电站容量电价机制。2023年5月，新疆自治区发改委印发《关于建立健全支持新型储能健康有序发展配套政策的通知》，提出建立独立储能容量电价补偿机制，在国家出台统一政策前，对新疆投运的独立储能先按照放电量实施 0.2 元/kWh 的容量补偿，补偿所需资金暂由全体工商业用户共同分摊。2024 年 1 月，河北省发改委印发《关于制定支持独立储能发展先行先试电价政策有关事项的通知》，提出针对独立储能按装机容量给予补偿，最高补偿标准不超过 100 元/kW，费用纳入工商业电价的系统运行费，由全体工商业用户按月分摊。与此前新疆等地的政策以放电量为补偿基准不同，河北首次提出按照有效容量进行补偿的储能容量电价政策，其补偿与上网电量无关，只与装机容量（功率）有关，该机制与煤电容量电价类似。

随着市场化交易、容量电价等机制进一步健全，独立储能项目的经济性将进一步得到保障，各方投资积极性有望提升。在市场化发展模式下，独立储能项目投资更加强调全生命周期的运营管理水平，对电力市场供需形势判断能力、运营及交易策略制定等软性技术能力将成为项目投资的核心竞争力之一。

8.2　新型储能供应情况

（1）新增装机容量。2023 年我国新型储能新增装机规模达 2260 万 kW，同比增长 207.6%，连续两年增速超过 200%，新增能量规模 4870 万 kWh，同比增长 207.1%。近十年来，新型储能新增装机规模整体上保持高速增长，特别是在 2019 年以后增长速度明显加快。2014—2023 年新型储能新增装机规模如图 8-6 所示。

图 8-6　2014—2023 年新型储能新增装机规模

（2）总装机容量。截至 2023 年底，新型储能总装机容量达 3139 万 kW，同比增速为 140.0%，装机规模近 10 倍于"十三五"末。近十年来，我国新型储能装机容量呈现逐年增长且增速加快的发展态势，年复合增长率高达 73.1%。2014—2023 年新型储能装机规模如图 8-7 所示。

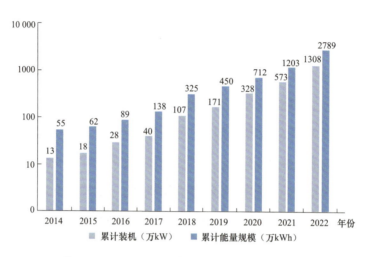

图 8-7　2014—2023 年新型储能总装机规模

2023 年各类型新型储能中，锂离子电池装机容量占比最高，达到 97.4%，同比上升 3.4 个百分点。锂离子电池具有电池容量大、工作电压高、荷电保持能力强、循环使用寿命长等技术优势，更贴合目前新型储能场景的应用，在市场中占据绝对主导地位。2023 年，锂离子电池成本持续走低，产业链配套不断完善成熟，进一步压缩铅炭电池等其他储能方式的份额。2023 年新型储能装机容量结构如图 8-8 所示。

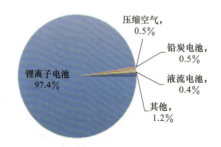

图 8-8　2023 年新型储能装机容量结构

（3）在储能总装机容量中的占比。2023 年，尽管我国储能总装机容量仍以抽水蓄能为主，但新型储能装机容量占比已达 31.6%，首次突破三成，同比大幅增长 9.7 个百分点。2023 年储能总装机容量结构如图 8-9 所示。

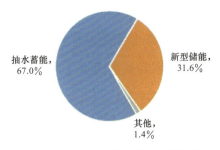

图 8-9　2023 年储能总装机容量结构

与抽水蓄能相比，新型储能具有选址灵活便捷、建设周期短、响应快速灵活、功能特性和应用场景多元等优势，近十年我国新型储能装机容量在储能总装机容量中占比逐年上升，而且在 2018 年及以后上升势头明显加速，未来有望占据更高份额。2014—2023 年新型储能累计装机容量在我国储能总装机容量中占比如图 8-10 所示。

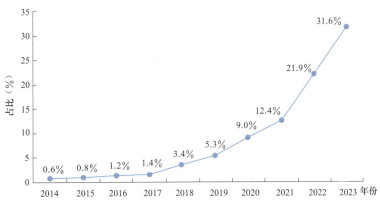

图 8-10　2014—2023 年新型储能装机容量在储能总装机容量中占比

（4）2023 年主要省区新型储能装机容量。截至 2023 年底，全国新型储能装机累计容量前五的省份为山东、内蒙古、新疆、甘肃、湖南，分别达到 395 万 kW、354 万 kW、309 万 kW、293 万 kW、266 万 kW，装机规模均超过 200 万 kW。跟随其后，宁夏、贵州、广东、湖北、安徽、广西等 6 省区装机规模也已超过 100 万 kW。西北、华北地区装机占比超过全国 50%，其中西北地区占 29%，华北地区占 27%。其中，由于西北地区大型风光基地项目建设的持续推进和新能源配储政策的推动，该地区新型储能新增装机容量飞速增长，甘肃同比增长 365.1%，新疆同比增长 335.2%。在政策与市场的双重驱动下，西北、华北地区凭借能源、资源优势，在全国储能产业中正在占据着越来越重要的地位。2023 年主要省区新型储能累计装机容量具体如图 8-11 所示。

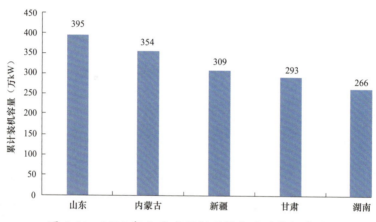

图 8-11　2023 年主要省区新型储能累计装机容量

8.3　新型储能盈利情况

目前，新型储能电站规模仍相对有限，储能电站运营业务的盈利状况较难从能源电力等相关公司的全部业务中单独剥离出来。考虑到当前新型储能制造企业是整个行业的重要构成之一，且上市公司数据公开透明，故本节从典型制造企业主要财务指标展现新型储能行业的盈利情况。选取企业包括宁德时代、亿纬锂能、天赐材料等 25 家上市储能企业，具体指标包括毛利率、净利率、净资产收益率和资产负债率。2018—2023 年储能上市公司主要财务指标如表 8-2 所示。

2023 年储能行业竞争加剧，产品价格降幅明显，企业普遍面临盈利压力，在 25 家样本上市企业中，有 15 家出现盈利下滑。盈利能力相关指标均变差，

毛利率由 2022 年的 22.0%下降至 2023 年的 20.6%，净利率由 2022 年的 6.1%
下降至 2.0%，净资产收益率由 2022 年的 13.6%大幅下滑至 5.6%，净利率与净
资产收益率均为近六年最低值。

表 8-2　　　　　2018—2023 年储能上市公司主要财务指标　　　单位：%

指标	2018 年	2019 年	2020 年	2021 年	2022 年	2023 年
毛利率	22.7	24.8	22.8	19.4	22.0	20.6
净利率	4.9	9.3	2.3	3.0	6.1	2.0
净资产收益率	5.7	15.5	11.4	9.5	13.6	5.6
资产负债率	54.1	52.0	47.4	52.5	54.3	51.7

8.4　新型储能发展前景展望

（1）投资趋势。未来三年，我国新型储能投资仍将呈快速增长趋势，主要
原因如下：①在"双碳"目标和建设新型电力系统的背景下，我国新能源装机
量将持续增长，消纳难度也将随之增加。而新型储能作为一类重要的灵活性调
节资源，可为电力系统提供容量支撑和削峰填谷作用，有效减少"弃风弃光"，
助力经济合理消纳新能源，新能源快速增长的大势必然带动新型储能的投资持
续扩大。②受不同应用场景下差异化需求的影响，新型储能路线呈现多元化发
展趋势，钠硫电池储能、压缩空气储能、飞轮储能技术和氢储能正加快商业应
用部署，液流电池储能加速示范应用，根据《"十四五"新型储能发展实施方
案》的要求，到 2025 年，期待多项储能技术路线的成熟与突破，这些技术创
新突破和规模化效应将带动行业投资热潮。③储能电芯领域企业围绕"降本增
效"，在储能容量、循环寿命、能量密度、安全设计等方面持续优化，使得电
化学储能产业进一步成熟且更具投资吸引力。④在新能源配储政策延续、市场
机制逐步完善以及系统成本下降的持续推动下，预计 2024 年新型储能装机规模
仍将保持高速增长，新增装机规模将达到 3800 万 kW，同比增长 60%～70%，上
游电池厂商竞争激烈局面预计将持续，储能系统和 EPC 价格继续下调，2024 年

新型储能投资规模预计 1100 亿元，同比增长 40%～50%。

（2）供应趋势。未来三年，新型储能规模增长的前景确定，但新型储能供应市场将由快速发展期进入洗牌期。当前，新型储能产品同质化严重，部分储能项目在具体落地时与预承诺存在差距，同时企业深陷价格战使其难以集聚充足资源推动技术创新。随着国资国企入局，新型储能行业获得更多增量资源，竞争格局将被重塑，聚合形成更具备核心竞争优势的企业。技术创新将成为企业生存的关键，供应端企业产品的整体性能、运营效率、安全性和可靠性将会有所提升，用户端新型储能布局的成本也会下降。

（3）盈利状况。未来三年，新型储能盈利能力将稳步提升，行业整体上实现一定的盈利水平。主要原因如下：①2024 年，储能产业链各环节企业将降本作为今年参与市场竞争的重要目标，尤其是储能系统集成企业对于电芯、电池配套设备（如储能变流器、温控系统、消防系统）等关键部件依然有着不同幅度的降本要求，行业持续内卷将进一步推动新型储能成本降低；②国内现货市场建设提速，储能项目经济性改善，2023 年国家接连印发《电力现货市场基本规则（试行）》和《关于进一步加快电力现货市场建设工作的通知》，明确储能和虚拟电厂等新型经营主体参与交易，对电力现货市场的建设提出了更具体的要求和指导，不断完善储能项目盈利的政策基础。同时，各地峰谷价差继续扩大是电力市场化的发展趋势。在 2024 年 1 月电网代购电价中，已有 19 个地区的最大峰谷价差超过 0.7 元/kWh，广东、江苏和湖北峰谷价差最大，分别达到 1.305 3 元/kWh、1.141 4 元/kWh 和 1.069 3 元/kWh，新型储能收益空间正逐渐打开。

（4）综合展望。未来三年，新型储能行业由快速发展期进入洗牌期，但市场前景依然向好，新型储能投资仍将保持较快增长；新型储能装机容量将继续提升，用户装机成本将进一步下降；新型储能项目的经济性得到改善，将为储能项目的进一步市场化提供条件，为储能行业投资打开更广阔的空间。

第 9 章

电 价 分 析

电价直接影响项目投资收益率，电价的形成机制和变化规律，对于指导各类电源投资以及电网投资是不可或缺的。本章重点关注电价政策、上网电价、辅助服务费用、输配电价、销售电价的水平与变化趋势，以及电力市场化交易等。

9.1 电价政策

（1）分时电价政策进一步推行。 2021 年 7 月，国家发展改革委印发《关于进一步完善分时电价机制的通知》（发改价格〔2021〕1093 号）提出，各地要结合实际情况在峰谷电价的基础上推行尖峰电价机制，《通知》规定上年或当年预计最大系统峰谷差率超过 40%的地方，峰谷电价价差原则上不低于 4:1；其他地方原则上不低于 3:1。2022 年起，江苏、河北省南网、河南、广东、贵州等区域完善分时电价政策，主要为优化峰谷价差的时间段、扩大峰谷价差和推行尖峰电价机制。2023 年，北京、湖北、福建、四川、重庆、广西、冀北电网等区域也相继发布了完善分时电价政策的通知，持续提升电力系统运行效率和经济性，从总体上降低全社会用电成本。2023 年 12 月，商务部等 10 部门发布《关于提升加工贸易发展水平的意见》（商贸发〔2023〕308 号），其中提到，优化分时电价动态调整机制，进一步完善峰谷分时电价政策，强化对加工贸易梯度转移重点承接地、国家加工贸易产业园和重点加工贸易企业的用能保障。

（2）煤电容量电价机制建立。 为适应煤电向基础保障性和系统调节性电源并重转型的新形势，推动煤电转变经营发展模式，2023 年 11 月，国家发展改革委、国家能源局联合印发《关于建立煤电容量电价机制的通知》（发改价格〔2023〕1501 号），决定自 2024 年 1 月 1 日起建立煤电容量电价机制，对煤电实行两部制电价政策，其中电量电价通过市场化方式形成，灵敏反映电力市场供需、燃料成本变化等情况；容量电价水平根据转型进度等实际情况合理确定并逐步调整，充分体现煤电对电力系统的支撑调节价值，确保煤电行业持续健康运行。这对于我国电价改革具有里程碑式的意义，标志着新型电力系统中体现电力多元价值的价格体系正在逐渐建立。

（3）抽水蓄能价格形成机制不断完善。为进一步深化电力体制改革，完善抽水蓄能价格形成机制，促进抽水蓄能行业健康发展，2023年5月，国家发展改革委发布了《关于抽水蓄能电站容量电价及有关事项的通知》（发改价格〔2023〕533号），核定在运及2025年底前拟投运的48座抽水蓄能电站容量电价。通知自2023年6月1日起执行。通知要求，电网企业要统筹保障电力供应、确保电网安全、促进新能源消纳等，合理安排抽水蓄能电站运行；要与电站签订年度调度运行协议并对外公示，公平公开公正实施调度；要严格执行本通知核定的抽水蓄能电站容量电价，按月及时结算电费。这有利于引导抽水蓄能行业健康有序发展，提升电力系统调节能力和灵活性。

（4）第三监管周期输配电价开始实施。为进一步深化输配电价改革，更好保障电力安全稳定供应，2023年5月，国家发展改革委印发《关于第三监管周期省级电网输配电价及有关事项的通知》（发改价格〔2023〕526号），在严格成本监审基础上核定第三监管周期省级电网输配电价，2023—2026年省级电网输配电价于2023年6月1日起执行。与前两周期输配电价核定文件相比，新政策有四大变化：一是推动分电压等级分用户改为分电压等级不分用户核定输配电价；二是改不分电压等级为分电压等级核定容需量电价，三是改输配电价包含网损、抽蓄容量电价为单列，四是按照"准许成本+合理收益"直接（顺价）核定省级电网输配电价。此次输配电价改革在完善输配电价监管体系、加快推动电力市场建设等方面迈出了重要步伐。

（5）电力现货市场建设迈向全面推进阶段。为加快推进电力市场建设，规范电力现货市场的运营和管理，2023年9月，国家发展改革委、国家能源局联合印发中国首个电力现货市场基本规则——《电力现货市场基本规则（试行）》（发改能源规〔2023〕1217号），规范电力现货市场的建设与运营，标志着电力现货市场已从试点探索过渡到全面统一推进阶段。《基本规则》明确了电力市场成员，并将分布式发电、负荷聚合商、储能和虚拟电厂等列入新型经营主体，并将"推动分布式发电、负荷聚合商、储能和虚拟电厂等新型经营主体参与交易"列为电力现货市场近期建设主要任务。2023 年 11 月，国家发展改革委、国家能源局发布《关于进一步加快电力现货市场建设工作的通知》（发改办体改〔2023〕813 号），要求在确保有利于电力安全稳定供应的前提下，有序实现电力现货市场全覆盖。具体提出在分布式新能源装机占比较高的地区，推动分布式新能源上网电量参与市场，探索参与市场的有效机制；同时通过市场化方式形成分时价格信号，推动储能、虚拟电厂、负荷聚合商等新型主体在削峰填谷、优化电能质量等方面发挥积极作用，探索"新能源+储能"等新方式。

（6）电力辅助服务市场价格机制建立健全。为进一步完善电力价格形成机制，适应新型电力系统发展需要，持续推进电力辅助服务市场建设，2024 年 2 月，国家发展改革委、国家能源局联合印发《关于建立健全电力辅助服务市场价格机制的通知》（发改价格〔2024〕196 号），优化调峰、调频、备用等辅助服务交易和价格机制，对影响辅助服务价格形成的交易机制作出原则性规定，统一明确计价规则，推动辅助服务费用规范有序传导分担，充分调动灵活调节资源主动参与系统调节积极性。通知自 2024 年 3 月 1 日起执行。国家建立健全辅助服务价格机制，既有激励、也有约束，是构建新型电力系统的又一重要举措，预计政策实施后全国辅助服务费用总规模有所减少，经营主体或用户对辅助服务费用的承担也将更加公平合理。

9.2 上网电价

9.2.1 煤电上网电价

2021 年 11 月，国家发展改革委发布《关于进一步深化燃煤发电上网电价市场化改革的通知》（发改价格〔2021〕1439 号），其中提到，从 2021 年 10 月 15 日开始，对燃煤发电电量上网电价有序放开，上下浮动原则上均为不超过 20%。高耗能企业市场交易电价则不受上浮 20% 限制，电力现货价格不受上述幅度限制。

2023 年全国煤电基准价平均为 0.370 0 元/kWh（不含西藏），维持在 2022 年水平，未发生调整，具体如图 9-1 所示。

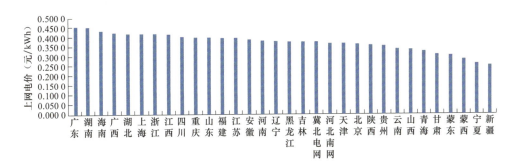

图 9-1　2023 年煤电基准价

分区域来看，南网区域煤电基准价相对较高，最高为广东 0.453 0 元/kWh，最低为云南 0.335 8 元/kWh；国网区域最高为湖南 0.450 0 元/kWh，最低为新疆 0.250 0 元/kWh，前者为后者的 1.8 倍，主要反映了煤炭价格成本差异。价格水平呈现西北到东南区域逐渐升高的现象，煤炭资源丰富的三北地区如宁夏、甘肃、青海、内蒙古等省份的电价较低，东南沿海省份如广东、湖南、湖北、上海等省份的电价较高。

根据 2023 年 11 月国家发展改革委、国家能源局联合印发的《关于建立煤电容量电价机制的通知》（发改价格〔2023〕1501 号），现行煤电单一制电价将在 2024 年调整为两部制电价，其中容量电价按照回收煤电机组一定比例固定成本的方式确定。用于计算容量电价的煤电机组固定成本实行全国统一标准，为 330 元/（kW·年）；通过容量电价回收的固定成本比例，综合考虑各地电力系统需要、煤电功能转型情况等因素确定，2024—2025 年多数地方为 30% 左右，即 100 元/（kW·年），部分煤电功能转型较快的地方适当高一些，为 50% 左右，即 165 元/（kW·年）。各省级电网煤电容量电价水平具体如图 9-2 所示。2026 年起，将各地通过容量电价回收固定成本的比例提升至不低于 50%，云南、四川等煤电转型较快的地方通过容量电价回收煤电固定成本的比例原则上提升至不低于 70%。

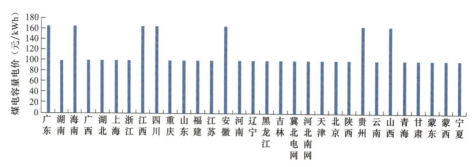

图 9-2　2024—2025 年煤电容量电价

9.2.2　气电上网电价

我国天然气发电上网电价执行的定价方式主要有单一制和两部制。各省针对不同类型的燃气发电机组进行了差异化定价，燃气发电机组的分类标准也有所不同。多数省份根据调峰机组、热电联产机组和分布式机组进行分类，浙江、山西等省份根据燃气机组的型号进行分类，广东按照电网调度级别定价，河南、福建等燃机较少的省份直接按项目定价。目前拥有两部制电价机制的省份包括广东、江苏、山东、四川、浙江、重庆、河南、上海。其中，重庆只给予调峰机组两部制电价，其他省份对热电联产机组也给予两部制电价，且江苏的热电联产机组容量电价高于调峰机组。2024 年 2 月，吉林发布《关于天然气发电上网电价有关事项的通知》，提出对新投产的天然气调峰发电机组建立两部制电价机制，其中容量电价按照回收天然气调峰发电机组固定成本加合理收益扣除省级相应补贴予以确定，电量电价按燃料成本及其他变动成本等核定。

电量电价通过气电联动传导成本。根据国家发展改革委印发的《关于规范天然气发电上网电价管理有关问题的通知》（发改价格〔2014〕3009 号），对天然气发电上网电价管理实行气电价格联动机制，当天然气价格出现较大变化时，天然气发电上网电价应及时调整，但最高电价不得超过当地燃煤发电上网标杆电价或当地电网企业平均购电价格 0.35 元/kWh。针对近几年天然气价格上涨情况，全国多省天然气发电上网电价合理调整，更好发挥天然气调峰发电机组调节作用，促进天然气发电行业高质量发展。

燃机容量电价普遍高于煤机容量电价，在某种程度上作为其更强调峰能力的价值体现。除广东省 2024 年开始对燃机和煤机实行统一的 100 元/（kW·年）的容量电价之外，江苏、山东、浙江、河南、上海的燃机容量电价为 28～42 元/（kW·月）、28 元/（kW·月）、302.4～571.2 元/（kW·年）、35 元/（kW·月）、36.5～37.01 元/（kW·月），显著高于煤机的 100～165 元/（kW·年）。

2023 年全国天然气发电上网电价最高为上海 1.028 4 元/kWh，最低为重庆 0.396 4 元/kWh，上海、山西、江苏上网电价位于全国前三，天津、河南、重庆电价水平较低。具体如图 9-3 所示。

2023 年大部分地区天然气发电上网电价未发生调整，少数地区上调了电价。江苏两次对热电联产、调峰类型的天然气发电价格进行上调；上海三次调整上网电价（如天然气分布式发电机组单一制上网电价 4 月起调整为 1.028 4 元/kWh，8 月起为 0.977 7 元/kWh，10 月起为 0.998 0 元/kWh，2024 年起为 1.016 3 元/kWh），相较于 2022 年末略有降低；山西对调峰类型的天然气发电价格上调了 0.152 8 元/kWh；福建中海、晋江、东亚 3 家燃气电厂上网电价调整为 0.626 2 元/kWh，上调了 0.103 2 元/kWh。

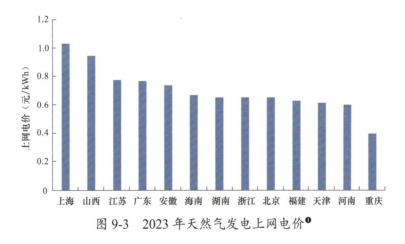

图 9-3　2023 年天然气发电上网电价❶

---

❶ 对于执行两部制电价的省份，图中展示的为电量电价；热电联产、调峰、分布式等多种价格类型并存时，取最高价格。

9.2.3 水电上网电价

我国水电上网电价低廉，具有明显的成本优势。水电上网电价政策呈多样化格局，分为按经营期上网电价、标杆上网电价和根据受电市场平均上网电价倒推定价，目前定价机制主要为落地倒推电价，即以受电省市电厂同期平均上网电价水平确定落地电价，上网电价为落地电价扣减输电电价和损耗后的倒推价格。2014年2月1日之后投产的水电站，跨区跨省域交易价格由供需双方协商确定；省内上网电价实行标杆电价制度，可根据水电站在电力系统中的作用，实行丰枯分时电价或者分类标杆电价。

四川、云南、湖北省是全国主要的水力发电省份，水电发电量约占全国总量的三分之二。2023年，四川、云南、湖北水电平均上网电价分别为0.337 3元/kWh、0.265 0元/kWh、0.358 5元/kWh，四川和云南同比无变化，湖北相比于2022年以前下调了0.010 4元/kWh。

（1）四川水电上网电价。 2023年四川水电标杆上网电价如表9-1所示。2020年以来四川水电上网电价没有变化，"年调节及以上"类别水电上网电价最高，为0.376 6元/kWh，"径流式"类别水电上网电价最低，为0.297 4元/kWh，水电价格平均比煤电低15.92%。

表9-1　　　　　　　　　　2023年四川水电标杆上网电价　　　　　　　单位：元/kWh

调节性能	水电标杆上网电价	煤电基准价	差异值
年调节及以上	0.376 6		0.024 6
季调节及不完全年调节	0.338	0.401 2	0.063 2
径流式	0.297 4		0.103 8

注　差异值=煤电电价－水电电价。

（2）云南水电上网电价。 2023年云南水电标杆上网电价如表9-2所示。云南依据水电站规模、流域梯度等因素分类制定电价，最高为0.302 3元/kWh，最低为0.227 0元/kWh，同2022、2021年相比没有变化。水电价格平均比煤电低 20.4%，这一价差幅度比四川、湖北等水电大省分别高出 4.5、6.5 个百分点。

表 9-2 　　　　　　　　　　2023 年云南水电标杆上网电价 　　　　　单位：元/kWh

水电站	水电上网电价	煤电基准价	差异值
鲁地拉水电站	0.302 3		0.033 5
金安桥等 3 个水电站	0.279 4	0.335 8	0.056 4
龙江等 11 个水电站	0.260 8		0.075
其余中小水电站	0.227		0.100 8

注　差异值=煤电电价－水电电价。

（3）湖北水电上网电价。2022 年 12 月，湖北省发改委发布《关于进一步规范水电上网电价管理有关事项的通知》（鄂发改价管〔2022〕413 号），2023 年 1 月 1 日以后投产的水电站根据装机容量和调节性能情况执行对应的标杆上网电价，见表 9-3。10 万 kW 以上并达到季调节以上性能的水电上网电价最高，为 0.396 0 元/kWh，3 千 kW（含）以下未达到季调节性能的水电上网电价最低，为 0.305 3 元/kWh，水电价格平均比煤电基准价低 13.9%。

表 9-3 　　　　　　　　　　2023 年湖北水电标杆上网电价 　　　　　单位：元/kWh

同级装机容量	调节性能	上网电价	煤电基准价	差异值
10 万 kW 以上	达到季调节以上性能	0.396 0		0.020 1
	未达到季调节性能	0.386 3		0.029 8
5 万 kW—10 万 kW（含）	达到季调节以上性能	0.376 7		0.039 4
	未达到季调节性能	0.367 0	0.416 1	0.049 1
3 千 kW—5 万 kW（含）	达到季调节以上性能	0.365 8		0.050 3
	未达到季调节性能	0.356 2		0.059 9
3 千 kW（含）以下	达到季调节以上性能	0.314 3		0.101 8
	未达到季调节性能	0.305 3		0.110 8

注　差异值=煤电电价－水电电价。

2021 年 4 月，国家发展改革委发布《关于进一步完善抽水蓄能价格形成机制的意见》（发改价格〔2021〕633 号），坚持并优化抽水蓄能两部制电价政策，明确以竞争性方式形成电量电价，发挥现货市场在电量电价形成中的作用，现货市场尚未运行情况下抽水电价按燃煤发电基准价的 75%执行，容量电费按 40 年经营期、6.5%的资本金内部收益率为约束条件，对标行业先进水平合理核定。2023 年 5 月，国家发展改革委发布《关于抽水蓄能电站容量电价及有关事项的通知》（发改价格〔2023〕533 号），核定了在运及 2025 年底前拟投运的 48 座抽水蓄能电站容量电价（如图 9-4 和图 9-5 所示），两部制电价成为抽水蓄能的基本电价机制，容量电费记入系统运行费用向工商业用户回收。从短期来看，与之前省内核准电价对比，本次核准电价降低了大部分抽蓄电站容量电价，由于抽水蓄能电站的盈利主要来源于容量电价，将影响部分抽蓄电站盈利能力；从长期来看，国家层面明确抽水蓄能容量电价，能更明确抽蓄盈利预期、加快新电站价格核准，推动抽水蓄能的稳定发展。

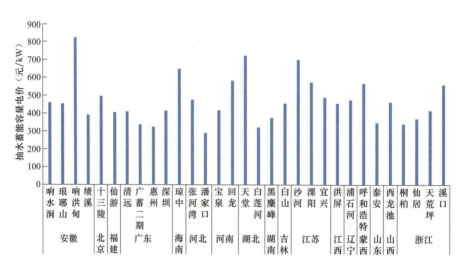

图 9-4　2023 年已投运抽水蓄能电站容量电价

已投运的 31 座抽水蓄能电站平均容量电价为 470.29 元/（kW·年），即将投运的 17 座抽水蓄能平均容量电价 571.89 元/（kW·年）。容量电价最高的是

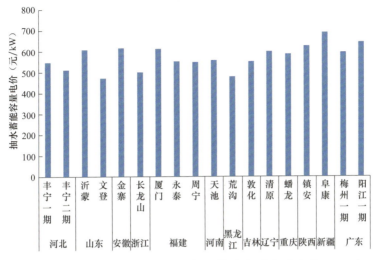

图 9-5　2023 年新投运抽水蓄能电站容量电价

位于安徽的响洪甸电站，容量电价达 823.34 元/kW，最低为河北潘家口电站，容量电价为 289.73 元/kW。南方电网区域所属 7 座投运抽水蓄能电站容量电价分别为：广东广州抽水蓄能电站二期 338.34 元/kW、广东惠州抽水蓄能电站 324.24 元/kW、广东清远抽水蓄能电站 409.57 元/kW、广东深圳抽水蓄能电站 414.88 元/kW、海南琼中抽水蓄能电站 648.76 元/kW、广东梅州抽水蓄能电站一期 595.36 元/kW、广东阳江抽水蓄能电站一期 643.98 元/kW。

9.2.4　核电上网电价

截至 2023 年底，全国在运核电机组共 55 台（不含台湾地区），较上年未发生变化，在建核电机组 26 台，总装机容量 3030 万 kW。在运核电机组的上网电价分为计划电价和市场电价两部分。2023 年全国在运核电机组平均计划上网电价为 0.407 0 元/kWh，与 2022 年相比维持不变，具体如图 9-6 和图 9-7 所示。

分机组来看，各核电机组上网电价基本上分布在 0.4 元/kWh 到 0.45 元/kWh 的区间内；秦山第三核电站机组电价最高，为 0.448 1 元/kWh，福清、宁德核电站机组电价最低，为 0.359 0 元/kWh；15 个机组的核电上网电价高于当地煤电基准价，37 个机组的核电上网电价低于当地煤电基准价。

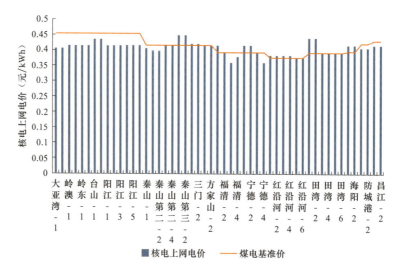

图 9-6 2023 年核电计划上网电价（分机组）与当地煤电基准价

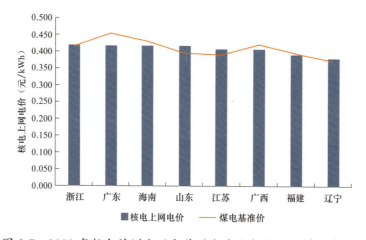

图 9-7 2023 年核电计划上网电价（分省份）与当地煤电基准价

分省份来看，浙江核电价格最高，为 0.418 5 元/kWh，最低为辽宁 0.379 8 元/kWh；浙江、山东、江苏、辽宁四省的核电价格高于煤电价格，价差最大为山东 0.020 2 元/kWh，价差最小为浙江 0.003 2 元/kWh，其余省份核电价格均低于煤电价格，其中价差最大为广东 0.036 4 元/kWh，价差最小为福建 0.002 6 元/kWh。

2023 年，中国核电与中广核持续推动核电上网电量参与电力市场交易，市场电价基本持平。中国核电 2023 年全年综合电价为 0.419 3 元/kWh，比 2022 年综合电价 0.422 6 元/kWh 有所下降，下降比例为 0.78%，中广核 2023 年全年综合电价为 0.422 8 元/kWh，比 2022 年综合电价 0.419 7 元/kWh 有所上升，上升比例为 0.74%。

9.2.5 风光上网电价

为保障新能源快速发展和消纳，政府推动新能源实现平价上网和进入市场。在国家层面，2021 年前并网的新能源机组可以获得"煤电基准价+补贴"，2021 年以后风光不再按照资源区定价，并网的机组仅获得"煤电基准价"，风光发电项目的上网电价从早期的政府定价逐渐向市场竞争定价转变。2021 年起风光电价完全按当地燃煤发电基准价执行，除青海、西藏有特殊的规定。青海以 0.227 7 元/kWh 的水电综合价作为光伏上网电价；2023 年西藏发布《关于进一步优化调整全区上网电价和销售电价引导降低社会用电成本的通知》，进一步优化上网电价，新能源发电按照 1 类集中式光伏电站、2 类分布式光伏电站实行上网分类标杆电价，如表 9-4 所示。

表 9-4　　　　　　　西藏新能源上网电价标准　　　　　　　单位：元/kWh

类别		上网电价	煤电基准价	差异值
太阳能光伏发电	带补贴集中式光伏电站	0.100		0.399 3
	带补贴全额上网分布式光伏电站	0.100		0.399 3
	带补贴余电上网分布式光伏电站	0.250	0.499 3	0.249 3
	平价上网集中式、分布式光伏电站	0.250		0.249 3
其他新能源发电	平价上网的风力发电、地热发电、太阳能热发电以及光伏配套储能等	0.341		0.158 3

2023 年，我国风电、光伏新增装机容量呈现了飞跃式增长，陆上风电、集中光伏电站开始大规模参与市场化交易。新能源的市场化交易价格较燃煤基准价出现明显下降，如甘肃、宁夏中长期交易的光伏价格不超过 0.2 元/kWh，云南清洁能源市场平均成交价 0.216 7 元/kWh，山东 2023 年现货市场光伏现货均价光 0.216 6 元/kWh 等；同时，绿电交易电价要体现绿电的环境价值，较燃煤基准价具有一定溢价。

9.3　电力辅助服务补偿费用

电力辅助服务是指为了维护电力系统安全稳定运行、保障电能质量，促进新能源消纳，由市场运营机构统一组织采购调用的调峰、调频、备用等系统调节服务。其中，调峰是指为跟踪系统负荷的峰谷变化及可再生能源出力变化，并网主体根据调度指令进行的发用电功率调整或设备启停所提供的服务；调频指电力系统频率偏离目标频率时，并网主体通过调速系统、自动功率控制等方式，调整有功出力减少频率偏差所提供的服务。

电力辅助服务的付费方，即成本分摊的参与方，过去主要由发电机组分摊，发电厂"既出力（承担辅助服务的责任）、又出钱（分担辅助服务补偿）"，市场化程度较低。2024 年 2 月，国家发展改革委、国家能源局发布《关于建立健全电力辅助服务市场价格机制的通知》，在辅助服务市场交易和价格机制、市场需求和费用传导机制等方面作出了规范，辅助服务市场、电力现货市场和中长期市场成为电力市场的基本功能模块，辅助服务市场负责体现灵活调节性资源的市场价值。

截至 2023 年上半年，全国电力辅助服务费用共 278 亿元，占上网电费 1.9%，其中市场化补偿费用 204 亿元，占比 73.4%。从类型上看，调峰补偿 167 亿元，占比 60%；调频补偿 54 亿元，占比 19.4%；备用补偿 45 亿元，占比 16.2%。辅助服务提供方主要是火电，2023 年上半年火电企业获得补偿 254 亿元，占比 91.4%。

9.4　输配电价

2023 年 5 月，国家发展改革委发布《关于第三监管周期省级电网输配电价及有关事项的通知》（发改价格〔2023〕526 号），明确了经核定的第三监管周期省级电网输配电价，并于 2023 年 6 月 1 日起执行，标志着正式进入第三监管周期。第三监管周期下，用户用电价格逐步归并为居民生活、农业生产及工商业用电三类；尚未实现工商业同价的地方，用户用电价格可分为居民生活、农业生产、大工业、一般工商业用电四类。目前,除上海、天津、陕西、甘肃及蒙东电网外,其他地区均实现工商业同价。在这些地区,工商业用户用电容量在 100kVA 及以下的,执行单一制电价;100～315kVA 可选择执行单一制或两部制电价;315kVA 及以上的,执行两部制电价。

9.4.1 工商业两部制输配电价

两部制输配电价包括电量电价和容(需)量电价。根据各省省级电网输配电价政策,2023 年工商业两部制电量电价如图 9-8 所示。

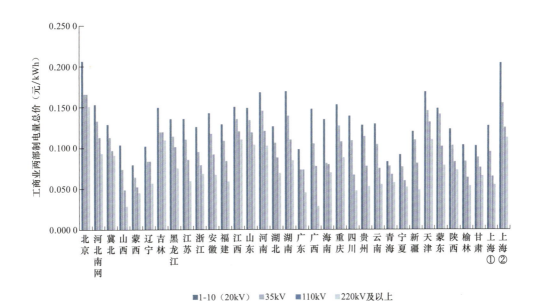

图 9-8　2023 年工商业两部制电量电价❶

分省份来看,1～10kV、35kV 电压等级输配电电量电价北京最高,蒙西最低;110kV 电量电价北京最高,山西最低;220kV 以上电量电价北京最高,广西最低。随着电压等级升高,相邻电压等级输配电价平均降低 18.89%。第三监管周期两部制电量电价较第二监管周期降低了 42.90%。

---

❶　天津、蒙东、上海、陕西(不含榆林地区)、榆林、甘肃未实现工商业同价,天津、蒙东、陕西、甘肃取大工业两部制电量电价,上海①取一般工商业两部制电量电价,上海②取大工业两部制电量电价,下同。

两部制工商业用户可选择执行容量电价或需量电价计费方式，自愿选择按变压器容量或合同最大需量缴纳基本电费，也可选择按实际最大需量缴纳基本电费。各省需量电价和容量电价如图9-9和图9-10所示。

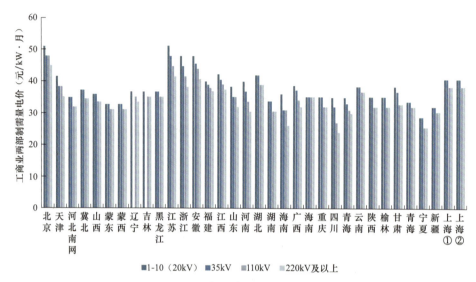

图9-9　2023年工商业两部制需量电价

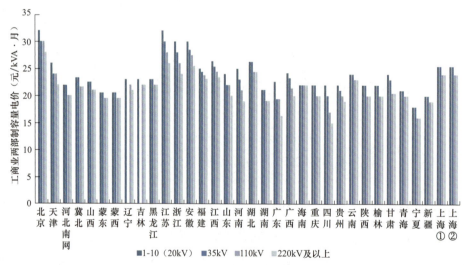

图9-10　2023年工商业两部制容量电价

分省份来看，1~10kV电压等级需量电价江苏最高、宁夏最低，35kV、110kV需量电价北京最高、宁夏最低，220kV以上需量电价北京最高、四川最低。不同电压等级的需量电价差距进一步拉大，随着电压等级升高，相邻电压等级输配电价平均降低 3.93%。差距最大的为广东、四川，广东 35kV、110kV 较 1～10kV 降幅为 14.13%，220kV 以上较 35kV、110kV 降幅为 15.81%，四川 35kV 较 1～10kV 降幅为 8.57%，110kV 较 35kV 降幅为 15.63%，220kV 以上较 110kV 降幅为 11.11%。

容量电价与需量电价的省间差异保持一致，1～10kV 电压等级需量电价江苏最高、宁夏最低，35kV、110kV 需量电价北京最高、宁夏最低，220kV 以上需量电价北京最高、四川最低。随着电压等级升高，相邻电压等级输配电价平均降低 3.94%，差距最大的为广东、四川。

9.4.2 工商业单一制输配电价

2023 年工商业单一制输配电价如图 9-11 所示。

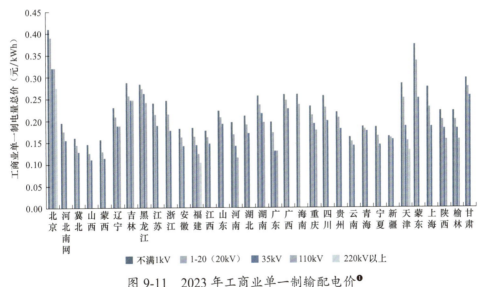

图 9-11 2023 年工商业单一制输配电价❶

分省份来看，各电压等级输配电价北京最高、山西最低，220kV 以上输配电价福建最低。随着电压等级升高，相邻电压等级输配电价平均降低 11.87%。第三监管周期单一制输配电价较第二监管周期降低了 13.15%。

---

❶ 天津、蒙东、上海、陕西（不含榆林地区）、榆林、甘肃未实现工商业同价，取一般工商业用电单一制电价。

9.4.3 区域电网输电价格

2023年5月，国家发展改革委发布《关于第三监管周期区域电网输电价格及有关事项的通知》（发改价格〔2023〕532号），核定华北、华东、华中、东北、西北区域电网第三监管周期两部制输电价格（南方电网不分区域）。区域电网输电价格如图9-12和图9-13所示。

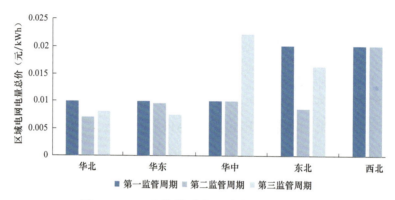

图9-12　不同监管周期区域电网电量电价

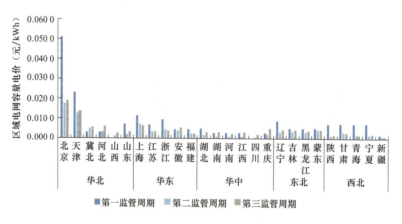

图9-13　不同监管周期区域电网容量电价

分区域来看，第一、二、三监管周期区域平均电量电价分别为0.0140元/kWh、0.0111元/kWh和0.0137元/kWh，第三监管周期平均电量电价较第二监管周期上涨0.0026元/kWh，其中华中、东北、华北区域分别上涨0.0122、0.0076、0.0011元/kWh，华东、西北区域分别下降了0.0020、0.0058元/kWh；

第一、二、三监管周期区域平均容量电价分别为 0.007 4 元/kWh、0.003 5 元/kWh 和 0.004 4 元/kWh，第三监管周期平均容量电价较第二监管周期上涨 0.000 9 元/kWh，其中华北、华中、东北、西北地区平均容量电价分别上涨 0.001 5、0.002 1、0.000 7、0.000 02 元/kWh，华中地区涨幅最大，华东地区下降了 0.000 02 元/kWh。

9.4.4　第三监管周期亮点变化

第三监管周期输配电价核定是 2015 年以来新一轮电力市场化改革推进的里程碑事件，真正基于"管住中间"的改革思路，实现按"准许成本+合理收益"直接核定输配电价的电改政策要求。根据最新核定的结果，省级电网输配电价有升有降。分区域来看，华东、西北区域的电量电价下降，华北、华中、东北区域电网的电量电价上调。北京等 28 个地区工商业（两部制）电价下调，幅度在 0.001～0.051 7 元/kWh 区间不等，海南的平均降幅最大；广东、陕西、青海、甘肃 4 个地区工商业（两部制）电价上调，幅度在 0.000 8～0.021 3 元/kWh 区间不等。贵州等 22 个地区工商业（单一制）电价下调，幅度在 0.000 7～0.059 6 元/kWh 区间不等，广西的平均降幅最大；江苏等 9 个地区工商业（单一制）电价上调，幅度在 0.000 6～0.036 4 元/kWh 区间不等；山西工商业（单一制）电价保持不变。

（1）输配电价实现与购销电价脱钩。在第一、第二监管周期中，由于工商业目录销售电价和输配电价并存，电网企业通过目录销售电价售电时，电网输配电收入与购售电价相关联。与前两个监管周期相比，第三监管周期输配电价实现了真正按照"准许成本+合理收益"直接核定输配电价，不再采用对标电网购售价差确定涨价或降价金额而调整现行输配电价表形成核价结果的方式。此前电网企业代理购电制度的建立，实现了全部工商业用户进入市场，也为本轮输配电价核定采用"顺价正推法"奠定了基础。

（2）实现分电压等级不分用户核定输配电价。第三监管周期理顺了用户分类，明确用户用电价格逐步归并为居民生活、农业生产及工商业用电三类，相较于此前分为大工业用户和一般工商业用户 2 类，新周期允许在实现工商业同价的地区，相同电压等级工商业用户执行相同价格，有利于工商业用户合理选择电价执行方式、公平享受电网输配电服务和分担电网成本，并为工商业用户公平无歧视参与电力市场化交易创造良好环境，进一步完善了输配电价体系。

（3）持续优化输配电价格结构。2023年6月，国家能源局组织发布《新型电力系统发展蓝皮书》，强调要理顺输配电价结构。第三监管周期根据不同电压等级成本、电量等情况，实现分电压等级核定容需量电价，反映不同电压等级的容量成本差异，为促进电力市场交易、推动增量配网、局域网、微电网发展创造有利条件，实现了输配电价核定领域的"实质性分开"。

（4）各项开支分别单列，首次明确系统运行费用组成。第三监管周期首次明确"工商业用户用电价格由上网电价、上网环节线损费用、输配电价、系统运行费用、政府性基金及附加组成"，将上网环节线损费用以及系统运行费用等传统的广义输配电价项目明确单列，实现输配电价的完全独立和有效隔离，为下一步开展准许收入清算做充分准备。同时，首次明确"系统运行费用包括辅助服务费用、抽水蓄能容量电费等"，单独列明系统运行费用组成，除了与电网应收输配电价作区分之外，也为适应新能源占比逐渐提升的新型电力系统可能面临的系统性成本快速抬升提前做出准备。

9.5　销售电价

根据国家发展改革委印发的《关于进一步深化燃煤发电上网电价市场化改革的通知》（发改价格〔2021〕1439号）、《关于组织开展电网企业代理购电工作有关事项的通知》（发改办价格〔2021〕809号），各地取消工商业目录销售电价，推动工商业用户进入电力市场。对暂未直接从电力市场购电的工商业用户，由电网企业以代理方式从电力市场进行购电。根据第三监管周期政策要求（526号文），工商业用户用电价格由上网电价、上网环节线损费用、输配电价、系统运行费用、政府性基金及附加组成。市场化用户的上网电价为市场化交易电价（见"9.6 电力市场化交易"），代理购电用户的上网电价为代理购电价格。居民、农业用户电价没有变化，继续执行现行目录销售电价政策。

9.5.1 代理购电价格

2023 年各省电网企业代理购电价格如图 9-14 所示。

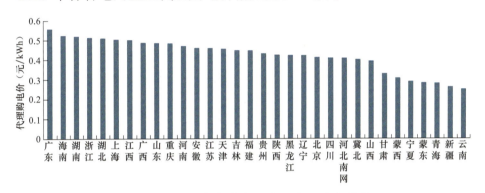

图 9-14　2023 年各省电网企业代理购电价格

2023 年全国 33 地（除西藏）电网企业代理平均购电价格为 0.428 8 元/kWh，较 2022 年的 0.418 2 元/kWh 上浮 0.010 6 元/kWh。各地电价在 0.251 1—0.557 8 元/kWh 之间波动，其中最高为广东，最低为云南。江西、上海、湖北、浙江、湖南、海南、广东、深圳 8 地平均代购电价格处于 0.5 元/kWh 以上；冀北、河北、四川、北京、辽宁、黑龙江、陕西、贵州、福建、吉林、天津、江苏、安徽、河南、重庆、山东、广西 17 个地区在 0.4—0.5 元/kWh 之间；蒙西、甘肃、山西 3 地在 0.3—0.4 元/kWh 之间；云南、新疆、青海、蒙东、宁夏五个西部地区在 0.3 元/kWh 以下。

全国代理购电平均价格在年内呈现出"冬高夏低"的季节性波动，如图 9-15 所示。2023 年全年最高水平出现在 2023 年 1 月，为 0.447 3 元/kWh，最低水平在 2023 年 6 月，为 0.414 3 元/kWh。

2023 年 12 月全国工商业用户电度用电价格❶如图 9-16 和图 9-17 所示，较 2022 年略有上涨。两部制下，海南、广西、湖南最高，甘肃、新疆、青海最低，

---

❶　不含按 1.5 倍电价执行的高耗能企业。

单一制下，海南、北京、黑龙江最高，山西、青海、新疆最低。分省来看，内蒙古相邻电压等级用电价格平均相差最大，平均降幅为 6.15%，河北相邻电压等级用电价格平均相差最小，平均降幅为 0.94%。

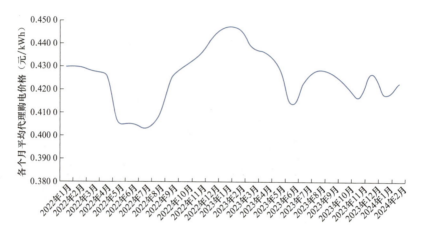

图 9-15　2022—2024 年 2 月全国电网代理购电平均价格变化趋势

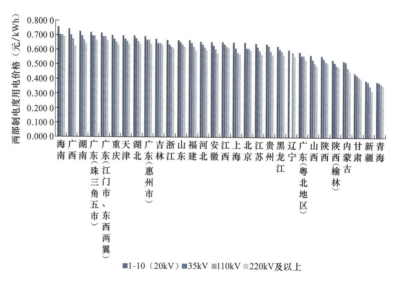

图 9-16　2023 年 12 月工商业用户两部制电度用电价格

9.5.2　工商业分时电价

2023 年全国各省份已基本建立起分时电价机制。分时电价机制主要分为峰谷电价机制、季节性电价机制，峰谷电价机制是将一天划分为高峰（尖峰）、平段、低谷，其中峰时区间主要集中在上午 8:00—12:00 和傍晚至晚间的 16:00—22:00，尖时区间则更集中在 16:00—22:00 时段，谷时区间主要集中在夜间 23:00—次日 8:00，其他时间段采用平段电价；季节性电价机制是将峰平谷时段划分进一步按夏季、非夏季等作差别化安排，如 12 月正式进入迎峰度冬阶段，浙江、上海、北京、广东等 20 个地区执行尖峰电价，较 11 月增加了 9 省市，其中上海市峰谷电价差最大达到 1.699 4 元/kWh，湖南峰谷电价差紧随其后，达到了 1.554 3 元/kWh。2023 年 12 月工商业用户单一制电度用电价格见图 9-17。

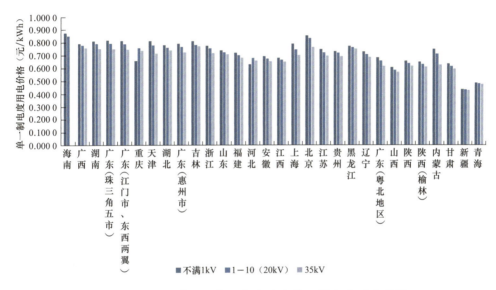

图 9-17　2023 年 12 月工商业用户单一制电度用电价格

以 1—10（20）kV 等级为例，如图 9-18 所示，2023 年一般工商业峰谷电价差最高的地区为广东珠三角五市，达到 1.012 8 元/kWh；最低为甘肃，为 0.147 1 元/kWh。峰谷价差大于 0.7 元/kWh 的地区有 11 个，为广东珠三角五市、深圳、海南、江苏、湖南、安徽、上海、河南、重庆、黑龙江、天津。相较 2022 年，广东珠三角五市、深圳、广西、青海等地平时电价及峰谷电价均上涨 5% 以上；江西、河北、山东峰谷价差同比扩大超 20%，甘肃、宁夏、山西、新疆等电力调出省份峰时电价同比降低，谷时电价同比提升，峰谷价差同比降低 20% 以上。

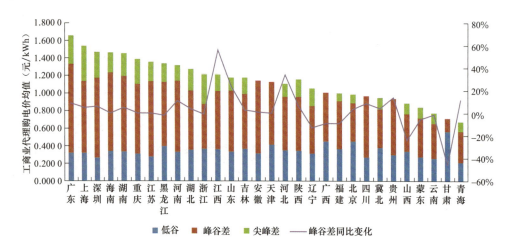

图 9-18　2023 年一般工商业用户 1—10（20）kV 代理购电全年平均分时电价❶

9.5.3　居民电价

2023 年居民销售电价如图 9-19 所示，全国居民销售电价平均为 0.511 5 元/kWh。其中，上海市居民电价全国最高，为 0.617 0 元/kWh，青海 0.377 1 元/kWh 为全国最低；各省份近几年电价水平保持不变，继续执行现行目录销售电价。

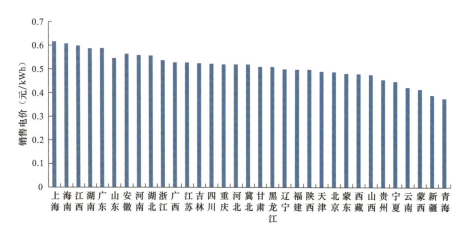

图 9-19　2023 年居民销售电价水平❷

---

❶ 广东选取珠三角五市电价，广东珠三角五市、黑龙江、陕西为单一制电价，浙江、山西、新疆为两部制 2023 年 6—12 月平均值；广东珠三角五市、安徽、黑龙江、陕西、浙江、北京、山西、新疆为单一制电价同比结果，其余为两部制电价同比结果。

❷ 实行阶梯电价的省份，取第一档电价；实行分时电价的省份，取平段电价。广东省取广州市居民电价。

大部分省份在原有阶梯电价标准基础上推行居民分时电价政策,如湖南居民阶梯电价标准为第一档 0.588 元/kWh、第二档 0.638 元/kWh、第三档 0.888 元/kWh;北京市居民夏季阶梯电价的收费标准为第一档 0.52 元/kWh,第二档 0.88 元/kWh,第三档为 1.48 元/kWh;广东将电量分档划分了夏季标准和非夏季标准,每年的 5—10 月执行夏季标准,其余月份执行非夏季标准,第一档电量电价不作调整,第二档电量加价 0.05 元/kWh,第三档电量加价 0.30 元/kWh。

9.6 电力市场化交易

9.6.1 市场化交易电量

2016—2023 年全国市场化交易电量及占全社会用电量比重如图 9-20 所示。2016 年全国各电力交易中心累计组织完成市场交易电量首次突破 1 万亿 kWh,占全社会用电量的 19%;2016—2023 年交易电量和市场化率逐年提升,2023 年全国市场化交易电量为 5.7 万亿 kWh,同比增长 7.9%,占全社会用电量的比重达到 61.4%,比上年提高 0.6 个百分点,其中中长期电力直接交易电量合计为 4.4 万亿 kWh,同比增长 7%。国家电网区域中长期电力直接交易电量合计为 3.4 万亿 kWh,同比增长 5.6%;南方电网区域中长期电力直接交易电量合计为

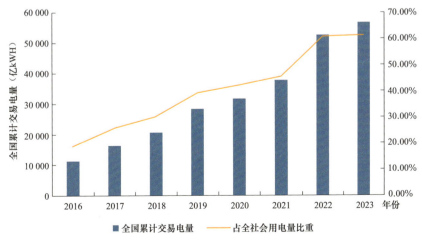

图 9-20　2016—2023 年全国市场化交易电量及占全社会用电量比重

8149.7亿kWh，同比增长10.6%；蒙西电网区域中长期电力直接交易电量合计为2362.2亿kWh，同比增长15.5%。

2023年主要省份的电力市场化交易电量及同比增长如图9-21所示。2023年，在国家开展的第一批电力现货试点8个地区中，山西、广东电力现货市场相继转入正式运行，南方区域电力现货市场首次实现全区域结算试运行。广东、江苏、山东、安徽等14个省份的市场化交易电量超过1000亿kWh；广东市场化交易电量5754.1亿kWh，同比增长8.4%，总量为全国最高；四川、山西电力市场交易电量的规模快速扩大，同比增长34.5%、18.6%。

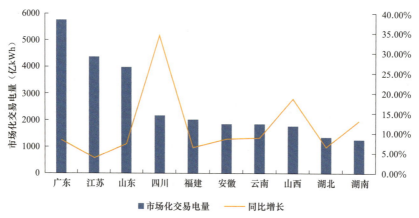

图9-21　2023年主要省份的电力市场化交易电量及同比增长

9.6.2　市场化交易电价

2023年，国家电网经营区省间市场化交易均价为0.386元/kWh，南方电网区域内广东平均市场化交易电价0.528元/kWh，广西平均市场化交易电价0.494元/kWh，云南清洁能源平均市场化交易电价0.217元/kWh。下面列举部分地区市场化交易电价情况。

广东参与电力市场化交易的机组以煤电为主，2023年广东中长期电力市场一级市场煤机交易电量占比为72.9%。2021—2023年广东煤电基准价和市场化交易电价如表9-5所示。

表 9-5　　　　2021—2023 年广东煤电基准价和市场化交易电价　　单位：元/kWh

项目	2021 年	2022 年	2023 年
煤电基准价	0.453	0.453	0.453
平均市场化交易电价	0.407❶	0.498	0.528
其中：年度双边协商交易	0.399	0.496	0.544
月度双边协商交易	0.423	0.536	0.518
月度集中竞争交易	0.432	0.530	0.486
绿电交易价格	0.479	0.520	0.550
平均价差	−10.22%	9.93%	16.47%

2023 年广东平均市场化交易电价为 0.528 元/kWh，同比提高 5.9%。市场化交易电价相比于煤电基准价提高了 0.075 元/kWh，价差由 9.93% 提高至 16.47%。2023 年绿电交易价格为 0.550 元/kWh，含电能量均价 0.531 元/kWh 和环境溢价均价 0.019 元/kWh。

2021—2023 年云南水电标杆上网电价和清洁能源市场化交易电价如表 9-6 所示。

表 9-6　2021—2023 年云南水电标杆上网电价和清洁能源市场化交易电价

单位：元/kWh

项目	2021 年	2022 年	2023 年
水电标杆上网电价❷	0.265 0	0.265 0	0.265 0
平均市场化交易电价	0.202 6	0.223 0	0.216 7
其中：双边协商交易均价	0.201 7	0.214 8	0.216 7
集中竞价交易均价	0.203 8	0.224 8	0.207 0
日前交易	0.240 3	0.219 7	0.222 3
平均价差	−23.55%	−15.85%	−18.21%

---

❶ 2021 年广东电力交易中心以价差方式报价，表中换算成市场化交易电价，2022 年全面转入绝对价格模式。

❷ 云南水电标杆上网电价为各水电站核定上网电价算术平均。

云南参与电力市场化交易的机组以水电为主，2023年清洁能源交易占比达82.1%。2023年云南平均市场化交易电价为0.2167元/kWh，较上年同比降低0.0063元/kWh。市场化交易电价与水电标杆上网电价的价差略有扩大，由15.85%升至18.21%。

2021—2023年安徽煤电基准价和市场化交易电价如表9-7所示。

表9-7　　　　2021—2023年安徽煤电基准价和市场化交易电价　　　单位：元/kWh

项目	2021年	2022年	2023年
煤电基准价	0.3844	0.3844	0.3844
交易平均价格	0.3810	0.4606	0.4603
年度双边协商交易均价	0.3710	0.4603	0.4602
年度集中交易均价	0.3750	0.4613	0.4613
季度双边协商交易均价	0.3844	0.4612	0.4609
月度集中交易均价	0.4164	0.4613	0.4613
月内集中交易	0.4376	0.4612	0.4600
电网公司代理购电挂牌交易	0.4613	0.4613	0.4605
平均价差	−0.88%	19.83%	19.74%

安徽参与电力市场化交易的机组和广东类似，以煤电为主。2023年安徽平均市场化交易电价为0.4603元/kWh，与2022年基本持平。市场化交易电价与煤电基准价的价差略有降低，为19.74%。2023年安徽共成交绿电交易电量40亿kWh，成交均价0.4588元/kWh，较基准电价上浮19.34%。

9.7　电价发展趋势

（1）上网电价。未来三年，上网电价走势将出现电源品种分化。煤电、抽水蓄能执行两部制电价，即基本的容量电价和电量电价。由于30%~50%的固定成本已经能被覆盖，即使在低年利用小时数下，也能保障基本收入，因此预计电量电价将下行。但与此同时，在电力供需紧张、能源通胀和电力市场化改革推进背景下，一次能源价格上升，煤炭、天然气等燃料成本增加、改造成本激增、碳排放成本叠加是推动电价上涨的主要原因；燃煤发电上网电价市场化改革扩大上下浮动范围，进一步推高煤电、气电整体上网电价水平。

水电电价将小幅上涨或持平，在水电大省用电需求趋紧下，送端省可能通过提高外送水电电价来补偿电力供需偏紧时段以较高现货价格购买的电力；而为满足居民、农业的低价用电需求，送端省将自留低价电源。

核电电价将保持平稳，我国核电以省内消纳为主，固定投资占比大，燃料成本占比远低于火电，价格波动概率较小。

跟随光伏组件和风机价格的整体下降趋势，风电、光伏发电价格将总体下调，但受各省份的装机结构、输电通道、产业结构影响，叠加电力现货覆盖范围的扩大，可能会出现明显的分化。

就辅助服务补偿费用来看，短期辅助服务费用规模将有所减小，主要是新政策下地区性辅助服务费用的上限降低，从远期来看，随着新能源装机比例的上升以及系统调节需求增大，辅助服务费用会逐步上涨，呈先降后涨的趋势。

（2）输配电价。输配电价进入第三监管周期，价格水平较第二监管周期有升有降，总体保持稳定。同时，输配电价机制呈现出三种变化：①由购销价差变为"准许成本+合理收益"核定输配电价，单列不平衡费用将适当下调电价；②将原包含在输配电价中的辅助服务费用、抽水蓄能容量电费单列，使输配电价功能定位更加清晰；③明确用户用电价格逐步归并为居民生活、农业生产及工商业用电三类，不仅避免了因用户用电种类不同而造成的价格差异和交叉补贴等问题，还有利于促进电力市场交易的公平性。随着电网投资力度加大和输配电价机制的完善，长期来看，电网资产和成本将上升，带动输配电价呈现上涨趋势。

（3）销售电价。未来三年，工商业用户电价将呈现波动上升趋势，而居民电价保持稳定。在全国统一电力市场体系加快建设中，电力公共服务供给和居民、农业等用电价格稳定性得到保障，随着电价机制逐步理顺，电网企业代理购电制度平稳运行，居民、农业用电价格将维持基本稳定。工商业用户电价波动主要取决于上网电价水平，燃煤发电上网电价市场化改革后电源侧电价的上涨将同步传导到用户端，预计高耗能产业电价将率先上涨；更多工商业用户进入自由化电力市场，同时各地调整和拉大峰谷价差，工商业用户电价在市场化调节下将呈现一定波动。

（4）**市场化交易电价**。未来三年，市场化交易电价将维持上涨趋势。在逐步放开电价市场化背景下，燃煤发电上网电价市场化改革将引导高耗能企业市场交易电价上涨，中长期交易价格有望提升以缓解火电企业的成本端煤价压力。随着"双碳"进程加快，新能源陆续进入电力市场交易，由于风、光的电能量价格下降，会拉低整体电力市场的交易价格。同时，随着绿电价格形成机制逐步完善，绿电的市场需求明显增加，环境溢价支撑力度增强，绿电交易价格将维持上涨。

（5）**综合展望**。在新型电力系统建设过程中，新能源逐步成为电力电量主体，是新型电力系统较传统电力系统的最重要改变，新能源发电比例的增加和电力负荷结构的变化导致电网结构的复杂性显著增加。当前电价体系下，煤电容量电价回收固定成本、电量电价回收变动成本、辅助服务回收调节成本的新机制初步成型，新能源的绿色价值未能充分体现，系统调节成本逐步明晰并加以疏导，输配电价定价机制仍有完善空间。

预计未来各类电价走势和各电源品种盈利能力将出现分化：随着一次能源价格和电力供需关系的变动，预计煤电、气电总体电价将逐步上涨，水电电价将小幅上涨或持平，核电电价将保持平稳，风电、光伏发电价格将有所下调；从第三监管周期的趋势来看，输配电价结构发生变化，地区调整幅度不一，总体保持平稳，短期内按照第三监管周期输配电价执行，长期随着电网投资力度加大可能呈现上涨趋势；电源侧价格上升将带动工商业用户电价呈现波动上升趋势，而居民电价保持稳定。

第 10 章

重点发电企业经营状况分析

对重点发电企业经营状况的分析有助于通过企业展现我国电力行业整体的经营状况和发展态势。本章选取了我国电力行业中具有代表性的 9 家发电企业进行具体分析。国家电网和南方电网两大电网公司在第 7 章已进行了详细分析，本章不再重复。

10.1　分析思路及指标简介

本章选取 9 家全国性和重要的地方性发电企业开展分析，具体包括：中国华能集团有限公司（以下简称"华能"）、中国华电集团有限公司（以下简称"华电"）、中国大唐集团有限公司（以下简称"大唐"）、国家电力投资集团有限公司（以下简称"国电投"）、国家能源投资集团有限责任公司（以下简称"国家能源集团"）等五大发电集团和中国长江三峡集团有限公司（以下简称"三峡"）、华润电力控股有限公司（以下简称"华润电力"）以及地方发电龙头企业广东省能源集团有限公司（以下简称"广东能源集团"）、浙江省能源集团有限公司（以下简称"浙江能源集团"）。

本章将主要从企业的电力生产状况和财务经营状况两方面来对各个发电企业进行综合分析。主要指标如表 10-1 所示。在评价企业的财务经营状况时，参考了国资委 2023 年《企业绩效评价标准值》中的评价标准。

表 10-1　　　　　　　　企 业 经 营 状 况 指 标

电力生产状况分析	生产经营	发电量、装机容量、机组平均利用小时数
	绿色发展	清洁能源装机占比、综合供电煤耗
财务经营状况分析	经营增长能力	总资产增长率、营业收入增长率
	盈利能力	净利润率、净资产收益率
	偿债能力	资产负债率、流动比率、速动比率
	营运能力	总资产周转率、固定资产周转率、流动资产周转率和应收账款周转率
	获现能力	营业现金比率、盈余现金保障倍数、资产现金回收率、现金流动负债比率

10.2　电力生产状况分析

10.2.1　生产经营

2023 年 9 家发电企业装机容量均同比增长，其中三峡、华润电力、华电、国电投同比增速较高，分别为 17%、14%、12%、12%。国家能源集团总装机容量首次超过 3 亿 kW；华电总装机容量首次超过 2 亿 kW，继国家能源集团、华能、国电投成为第四家超 2 亿 kW 装机容量的企业；大唐、三峡装机容量超过 1 亿 kW；华润电力、广东能源集团、浙江能源集团装机容量尚不足 6000 万 kW。近三年，重点发电企业的装机容量均呈现逐年增长的态势，其中三峡增速最高。重点发电企业 2021—2023 年装机容量如图 10-1 所示。

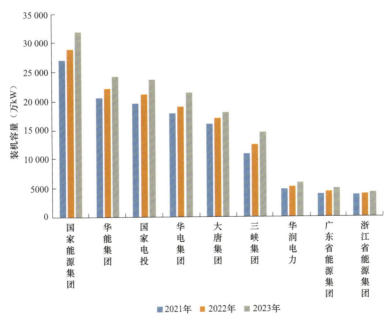

图 10-1　重点发电企业 2021—2023 年装机容量

2023 年经济稳定恢复，全社会电力需求增加，重点发电企业的发电量同比均保持上升态势，其中，国家能源集团全年累计发电量达到 12 158 亿 kWh。三峡、国家能源集团、华电、广东能源集团发电量同比增速高于其他企业，分别为 7.8%、6.7%、6.3%、6.2%。火电设备平均利用小时数方面，受电煤供需形势逐步改善、燃料成本下降的影响，加之全国水电减发、大范围持续高温和寒潮天气，2023 年国电投、大唐的火电设备平均利用小时数比上年增加。

整体来看，发电企业发电量增速低于装机容量增速，机组平均运营效率有所降低。重点发电企业 2023 年电力生产数据如表 10-2 所示。

表 10-2　　　　　　　　　重点发电企业 2023 年电力生产数据

企业	全年累计发电量（亿 kWh）	发电量同比（%）	火电设备平均利用小时数（h）❶	火电设备平均利用小时数同比（h）
国家能源集团	12 158	6.7%	-	-
华能	8306	5.0%	-	-
国电投	6814	2.6%	4439	135
华电	6827	6.3%	-	-
大唐	5967	1.4%	4142	137
三峡	4136	7.8%	-	-
华润电力	1933	4.7%	-	-
广东能源集团	1622	6.2%	-	-
浙江能源集团	1876	5.6%	-	-

10.2.2　绿色发展

2023 年发电企业清洁能源装机容量❷占比较上年有所提升。除以水电为主的三峡以外，国电投清洁能源装机占比最高，为 65%。国电投近年来大力发展清洁能源，在五大发电集团中处于领先地位。华能、大唐、华电清洁能源装机

---

❶ 除国电投、大唐以外，其他企业均未披露 2023 年火电设备平均利用小时数。
❷ 本章指水电、风电、光伏及其他清洁能源装机容量；个别企业将生物质能并入火电装机容量进行披露，由于资料所限，本章未进行区分。

容量占比接近，为 41%。浙江能源集团的清洁能源装机容量占比较低，为 14%。整体来看，绝大部分发电企业装机结构逐渐转向清洁化，全国性发电企业装机结构清洁化步伐领先于地方性发电企业。重点发电企业 2023 年装机结构如图 10-2 所示。

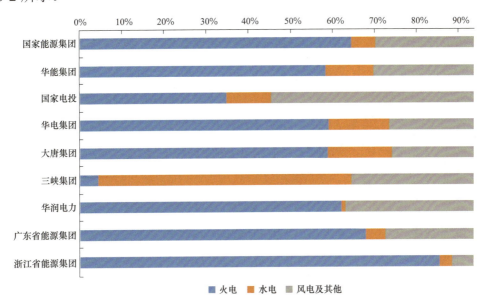

图 10-2　重点发电企业 2023 年装机结构

综合供电标准煤耗率方面，国电投、华电、大唐煤耗较上年有所下降，广东能源集团、浙江能源集团煤耗较上年略微提升。各企业煤耗均低于 300g/（kWh），其中国电投煤耗最低，仅为 288g/（kWh）。

为助力"双碳"目标，加速推进电源结构调整，传统火电企业均在拓展常规能源的基础上，提升水电、风电、光伏等清洁能源装机占比，并加快培育新业态新模式。整体来看，为实现绿色低碳发展，各大发电企业采取了一系列措施，主要包括以下方面：①持续加大风、光、水、核等清洁能源开发力度，增加清洁能源投入；②提高煤电发电效率，淘汰低效落后火电机组，推动火电转型升级；③注重清洁能源技术领域创新和研发，研发推广绿色低碳关键技术；④加快培育与清洁能源相关的新业态和新模式，沿产业链上下游挖掘新的业务需求，积极发展综合能源服务产业，推动能源产业的绿色转型和升级；⑤运用碳中和碳达峰债券等绿色金融手段赋能电源清洁化转型；⑥成立碳资产管理公司，制定碳资产管理策略，为碳排放权出售、碳排放权抵质押等交易提供保障。

10.2.3　生产状况趋势

2023 年重点发电企业生产状况呈现以下趋势：

（1）经济复苏后电力需求增加，电力生产能力显著增长。2023 年本章重点分析的发电企业装机容量均同比增长，增速较上年提升。伴随经济复苏，电力需求稳步回升，我国全社会用电量实现同比增长，发电量同比增长。整体来看，2023 年我国发电企业电力生产能力持续扩张。

（2）大力发展清洁能源，致力绿色低碳转型。2023 年在"双碳"目标下，我国大型火电企业不断加码新能源转型。本章分析的发电企业清洁能源装机容量占比同比持续提升，电源结构与不断优化。以国电投为代表的央企向清洁能源领域投入更多的资金和资源，持续布局清洁能源，致力于优化电源结构。

（3）供电煤耗水平领先，火电机组利用小时数增加。我国重点发电企业供电煤耗持续保持在世界先进水平，国电投等 6 家发电企业 2023 年综合供电标准煤耗率均低于 300g/（kWh）。2023 年，在燃料成本下降、水电减发、大范围持续高温和寒潮天气等因素综合影响下，国电投、大唐的火电设备平均利用小时数均比上年增加。

10.3　财务经营状况分析

10.3.1　经营增长能力

（1）资产总额。2023 年各发电企业资产总额同比均有不同程度的增长。其中，广东能源集团资产总额呈较快增长趋势，同比增速达 21%，主要原因是新增在建工程，根据业务发展需求增加了银行长期借款。2023 年，国家能源集团、国电投、华能、三峡、华电资产总额超过 1 万亿元，国家能源集团资产总额持续领跑。整体来看，各发电企业资产总额近三年来平稳增长。重点发电企业 2021—2023 年资产总额如图 10-3 所示。

图 10-3　重点发电企业 2021—2023 年资产总额

（2）营业总收入。2023 年除国家能源集团、华能以外，各发电企业营业总收入均有不同程度的增长，整体增幅较上年回落。其中，广东能源集团营收增速最高，同比增长 13%，营业总成本同比仅增长 1%，营业成本增长速度远小于营业收入增长速度，反映了广东能源集团降本增效成果显著。国家能源集团营收同比下降 3%，原因是煤炭价格下行，煤炭板块收入较上年同期下降。华能营收同比下降 3%，原因是物资贸易业务、交通运输业务收入大幅下降。近三年来，大部分发电企业营收均有所增加，其中广东能源集团、浙江能源集团、华润电力增幅明显，重点发电企业 2021—2023 年营业总收入如图 10-4 所示。

发电行业是首个纳入全国碳市场的行业，截至 2023 年底，全国碳排放权交易市场共纳入 2257 家发电企业，累计成交量约 4.4 亿 t，成交额约 249 亿元。由于拥有大量碳交易市场主体，各发电企业的上市公司通过碳排放权出售、碳排放权抵质押等交易赚取额外收益，不仅有利于提高企业经济效益，也有助于推动整个行业的低碳转型和绿色发展。其中，国电电力、华能国际、华电国际、大唐发电 2023 年的碳排放权交易收入分别为 5.43 亿元、2.96 亿元、0.76 亿元、0.45 亿元。这些数据反映了碳管理业务的重要性凸显，成为发电企业较为稳定的盈利组成部分。

图 10-4 重点发电企业 2021—2023 年营业总收入

10.3.2 盈利能力

（1）净利率。经历过 2021 年的业绩低谷、2022 年的盈利改善，2023 年以火电为主的各发电集团得益于燃料成本下降和发电量增长，经营业绩延续改善势头。一方面随着电煤供需形势逐步改善、中长期合同履约越发规范，电煤成本逐步回落，另一方面受全国水电减发、大范围持续高温和寒潮天气等因素影响，火电在迎峰度夏和冬季供暖期间发挥顶峰保供及支撑调节作用，发电量同比增长。在此背景下，除三峡外，各发电企业净利率均保持增长，其中广东能源集团扭亏为盈。

以水电为主的三峡净利率与上年持平，主要受 2023 年上半年降水持续偏少的影响，致使项目水资源较为紧缺，而 2022 年同样来水偏枯。2023 年三峡净利率为 29%，依然持续领先于火电占比相对较高的其他发电企业。在其他发电企业中，华润电力、国家能源集团净利率相对较高，2023 年净利率超过 10%。广东能源集团、大唐净利率低于 5%，广东能源集团 2023 年扭亏为盈，实现 42 亿元净利润。

近三年，各发电企业渡过 2021 年盈利的波动期后，受燃料成本趋稳、政策支持等多重影响，2023 年大部分发电企业的净利率持续向好发展，重点发电企业 2021—2023 年净利率如图 10-5 所示。

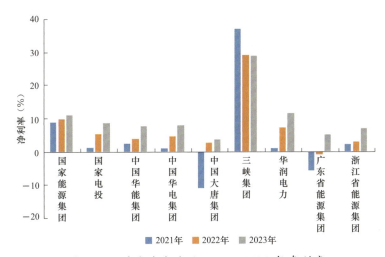

图 10-5　重点发电企业 2021—2023 年净利率

（2）净资产收益率。2023 年，除三峡净资产收益率下降以外，各发电企业净资产收益率均同比上升。华润电力、华电净资产收益率突破 10%，同比分别增长约 5 个百分点、6 个百分点；国家能源集团、浙江能源集团、华能、三峡、国电投、广东能源集团的净资产收益率较为相近，在 5%~8% 之间；大唐净资产收益率最低，为 3%。

根据国资委企业绩效评价标准值❶，华润电力、华电、国家能源集团、浙江能源集团、华能在同业大型企业中处于优秀水平；三峡、广东能源集团净资产收益率处于同业大型企业良好水平；国电投净资产收益率处于同业大型企业

---

❶　财务指标基准值方面，结合各企业装机结构情况，三峡集团选取水电行业大型企业值，国电投选取电力生产行业大型企业值，本章分析的其他企业选取火电行业大型企业值。

平均水平。近三年，大部分发电企业净资产收益率呈逐年上升趋势，2022 年以来随着电煤供需形势改善、发电量增长等，以火电为主的各发电企业盈利能力逐步提升。重点发电企业 2021—2023 年净资产收益率如图 10-6 所示。

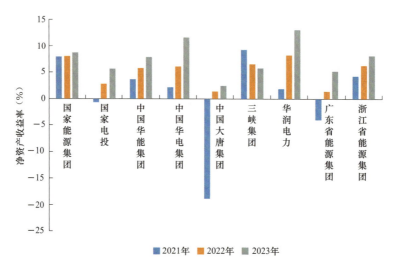

图 10-6　重点发电企业 2021—2023 年净资产收益率

10.3.3　债务风险和偿债能力

重点发电企业 2021—2023 年债务风险和偿债能力指标详如表 10-3 所示。

表 10-3　　重点发电企业 2021—2023 年债务风险和偿债能力指标

单位名称	资产负债率（%）			流动比率（%）			速动比率（%）		
	2023 年	2022 年	2021 年	2023 年	2022 年	2021 年	2023 年	2022 年	2021 年
国家能源集团	58.85	58.41	58.93	0.54	0.58	0.68	0.49	0.52	0.60
华能	70.08	70.90	72.74	0.76	0.79	0.77	0.72	0.74	0.71
国电投	68.61	69.91	73.84	0.66	0.67	0.60	0.61	0.62	0.55
华电	69.30	69.89	69.96	0.54	0.57	0.51	0.50	0.52	0.45
大唐	70.53	71.98	75.77	0.55	0.52	0.54	0.55	0.48	0.48
三峡	55.79	53.46	51.94	0.62	0.74	0.74	0.61	0.73	0.73
华润电力	67.57	64.52	62.75	0.59	0.61	0.79	0.54	0.56	0.69
广东能源集团	70.56	68.16	62.57	0.60	0.57	0.67	0.55	0.49	0.58
浙江能源集团	53.36	54.21	54.43	1.07	0.87	0.89	0.93	0.76	0.79

资产负债率方面，2023 年，各发电企业持续优化债务融资结构，通过低利率资金提前置换存量债务，除国家能源集团、三峡、华润电力、广东能源集团外，各发电企业负债率均有不同程度的下降。其中，广东能源集团、大唐、华能的资产负债率超过 70%；大唐资产负债率虽然处于较高水平，但 2023 年下降幅度最大，同比下降 1.5 个百分点。与同业大型企业相比，浙江能源集团的资产负债率处于优秀水平，国家能源集团处于良好水平，三峡、华润电力、华电、华能、大唐、广东能源集团的资产负债率处于平均水平，国电投的资产负债率低于平均水平。整体来看，浙江能源集团、国家能源集团、三峡的资产结构较优，长期偿债能力较强；国电投的长期偿债能力相对偏弱。

流动比率和速动比率方面，除了浙江能源集团以外，本章选取的发电企业两项比率均小于 1。在同业大型企业中，浙江能源集团、华能的速动比率处于优秀水平，三峡的速动比率处于良好水平，国电投、大唐、广东能源集团、华润、华电速动比率优于平均水平，国家能源集团的速动比率低于平均水平。整体来看，浙江能源集团的短期偿债能力最为突出，国家能源集团的短期偿债能力相对偏弱。

10.3.4 营运能力

重点发电企业 2023 年营运能力指标如表 10-4 所示。

表 10-4　　　　　　重点发电企业 2023 年营运能力指标　　　　单位：次

单位名称	总资产周转率	固定资产周转率	流动资产周转率	应收账款周转率
国家能源集团	0.39	0.74	2.21	11.33
华能	0.28	0.58	1.24	4.59
国电投	0.23	0.44	1.18	3.28
华电	0.30	0.56	1.89	4.91
大唐	0.30	0.49	1.90	4.23
三峡	0.11	0.22	1.00	2.59

续表

单位名称	总资产周转率	固定资产周转率	流动资产周转率	应收账款周转率
华润电力	0.34	0.51	2.08	3.39
广东能源集团	0.33	0.75	2.08	6.73
浙江能源集团	0.54	1.46	2.58	7.61

总资产周转率方面，除了浙江能源集团高于同业大型企业平均水平以外，其他企业该比率皆低于同业大型企业平均水平，资产投资效率有所下降。固定资产周转率方面，浙江能源集团该比率超过 1，显著高于其他企业。

流动资产周转率方面，浙江能源集团、国家能源集团该比率高于同业大型企业平均水平，华能、国电投、三峡流动资产周转率偏低。应收账款周转率方面，国家能源集团该比率高，达到良好水平；浙江能源集团、广东能源集团高于同业大型企业平均值；其他企业该比率偏低。国家能源集团、浙江能源集团的资金周转速度较快，企业对资金的利用效率较高。三峡集团应收账款周转速度最慢，应收账款规模逐年增加，主要原因是新能源补贴回款周期较长，补贴回款不及时。

整体来看，浙江能源集团、国家能源集团和广东能源集团营运能力较强，其他企业营运能力指标表现相对偏弱。

10.3.5　获现能力

重点发电企业 2023 年获现能力指标如表 10-5 所示。

表 10-5　　　　重点发电企业 2023 年获现能力指标

单位名称	营业现金比率（%）	盈余现金保障倍数	资产现金回收率（%）	现金流动负债比率（%）
国家能源集团	22.42	2.00	8.48	27.54
华能	26.03	3.34	6.67	23.51
国电投	18.67	2.18	4.11	13.82

续表

单位名称	营业现金比率 （%）	盈余现金保障倍数	资产现金回收率 （%）	现金流动负债比率 （%）
华电	22.05	2.73	6.39	21.23
大唐	25.29	7.19	7.47	26.49
三峡	44.30	1.53	4.83	26.53
华润电力	27.94	2.62	9.60	34.34
广东能源集团	15.37	3.09	4.65	17.42
浙江能源集团	8.34	1.20	4.26	20.92

2023 年营业现金比率方面，华润电力、华能、大唐处于同业大型企业中的优秀水平，国家能源集团、华电处于良好水平，其他企业均优于平均水平。盈余现金保障倍数方面，大唐处于同业大型企业中的优秀水平，广东能源集团、华能、国电投优于平均水平，其他企业均低于平均水平。资产现金回收率方面，华润电力、国家能源集团、大唐优于其他企业。现金流动负债比率方面，华润电力处于同业大型企业中的优秀水平，三峡、国电投优于平均水平，其他企业处于良好水平。整体来看，华润电力、大唐、国家能源集团反映经营活动现金流对企业盈利能力、偿还贷款能力的指标优于其他企业，获现能力较强。

2023 年 1 月，国资委召开中央企业负责人会议，提出"一利五率"经营指标和"一增一稳四提升"总体目标，在"四提升"中增加了营业现金比率，强化了现金流的重要地位，引导企业坚持底线思维，提升抵御风险的能力。与 2022 年相比，华能、华电、华润、广东能源集团、浙江能源集团 2023 年营业现金比率同比增加，反映了这些企业在政策引导下更加重视资金管理，进一步提升了经营效率。

10.3.6　财务经营状况趋势

2023 年重点发电企业财务经营状况呈现以下趋势：

（1）经营规模不断扩大。2023 年大部分重点发电企业经营规模不断扩大，资产总额和营业总收入规模持续扩大，同比增长幅度回落，主要原因在于企业保持稳健经营，资产扩张速度放缓。

（2）以火电为主的发电企业盈利水平持续改善，水电企业较为稳定。近三年重点发电企业盈利水平呈现上升趋势，2023 年改善趋势明显。火电收益于燃料成本进一步回落叠加发电小时数上升，火电企业净利润率和净资产收益率均同比增加。以水电为主的三峡净利润率和净资产收益率持续领先于以火电为主的发电企业，尽管由于 2023 年上半年降水持续偏少，致使水资源较为紧缺，全年水电发电量同比下降 5.6%，但水电企业盈利能力仍然稳定。值得注意的是，传统火电企业均在拓展常规能源的基础上，提升水电、风电、光伏等清洁能源装机占比，并加快培育新业态新模式，清洁能源成为各发电企业的重要利润来源。

（3）长期偿债能力增强，营运能力保持平稳，获现能力总体较强。整体而言，与 2022 年相比，2023 年本章分析的重点发电企业扩张脚步放缓，稳定运营，资产负债率同比有所降低，长期偿债能力增强，不断优化债务结构，利用低利率负债置换存量债务降低融资成本。重点发电企业流动比率和速动比率较为平稳，短期偿债能力较为稳定。营运能力方面，大部分发电企业营运能力指标表现与 2022 年相近，营运能力保持平稳，部分企业营运能力存在提升空间。获现能力方面，各发电企业整体获现能力较强，由于国资委考核对现金流管理提出更高要求，"一利五率"中的营业现金比率指标强调了现金流对企业的重要性，而电力企业资金密集，电力购销及投资、基础设施建设等业务资金交易频繁复杂，资金流动性较大，存在一定的资金安全风险，新能源等领域处于快速发展期，经营性现金流通常较低，需要持续的资金支撑，因此企业应重视资金管理，提升现金流管理及抵御风险的能力。

10.4　重点发电企业发展前景展望

（1）生产和供应形势。预计未来三年，我国重点发电企业的电力生产规模仍将扩大，装机容量和发电量保持平稳增长势头，电力生产能力持续提升。未来，在"双碳"目标下，清洁能源发展空间广阔，向上动力充足，传统火电企业将积极转型发展新能源，清洁能源装机占比将大幅上升。鉴于新能源发电出力不确定性强、可控性弱，煤电作为电源侧具备经济性且资源体量庞大的灵活性电源，支撑性调节性的作用依然突出，是保障电力安全稳定供应的可靠选择。

（2）财务经营状况。预计未来三年，我国发电企业的盈利状况将保持平稳。火电方面，国家自 2024 年起执行煤电容量电价机制，按照回收煤电机组一定比例固定成本的方式确定容量电价，这意味着火电的投资成本回收，不再完全依靠发电，作为系统调节和支撑电源时也能获取收益，盈利能力将更为稳健；水电方面，由于受天气影响较大，同时随着优质水电资源的开发利用，水电建设逐步转向综合条件更加复杂的西部地区，建设难度和成本不断增高，水电行业增长空间长期来看将收窄。随着我国碳市场和绿色金融政策体系的进一步发展和规范，碳债券、碳基金、配额回购融资、碳排放权抵质押贷款、碳结构性存款、碳汇保险等碳金融产品种类将愈加丰富，为电力行业带来了新的投融资机遇。

（3）综合展望。未来三年，重点发电企业的生产能力将持续增长，电源结构不断优化，部分发电企业清洁能源装机占比将超过 50%。我国发电企业将持续推进向清洁化、国际化、数字化等方向转型。分板块而言，容量电价机制将为火电带来实质性利好，火电的"压舱石"地位得到保障，盈利稳定性将进一步增强；清洁能源板块受制于资源条件、行业竞争、技术开发等因素面临一定压力，但总体而言在"双碳"目标政策下发展趋势利好，预计清洁能源板块的盈利能力将稳健增长。

第 11 章

电氢协同发展形势分析

氢能是我国构建新型能源体系的重要组成部分，在 2024 年 4 月公布的《中华人民共和国能源法（草案）》中被明确定义为与石油、天然气和太阳能等同级的能源。近年来随着新能源装机容量的快速增加消纳压力日渐增大，氢能作为清洁的能源载体，在助力提升新能源消纳利用的方面富有潜力。

当前较为成熟的氢能获取技术以煤化工制氢为主，工业副产品、天然气重整制氢为辅（上述方法俗称"灰氢"，若过程中使用 CCUS 技术即碳捕集、利用和封存技术，则称"蓝氢"），但规模受到碳排放政策的限制。近年来，随着电解水制氢技术日渐提高（俗称"绿氢"），电氢协同加速发展，而利用可再生能源发电进行电解水制氢，即绿电制绿氢，日益成为双碳背景下理想的制氢方式。

鉴于氢能利用广阔的发展前景和宏大的市场规模，报告今年首次加入电氢协同章节，将分别介绍氢能产业发展概况、电氢协同投资方向与典型项目和相关企业经营情况并对发展前景予以展望。

11.1 氢能产业发展概况

11.1.1 氢气产量规模

2023 年我国氢气产量 4291 万 t，同比增长 13.5%。"十四五"以来得益于政策支持力度的大幅提升以及各类相关技术的突破进步，我国氢能行业发展迅速，氢气产量呈现快速上升的趋势，由 2014 年的 1764 万 t 上升至 2023 年的 4291 万 t。2023 年我国可再生能源发电装机容量占比首次超过 50%，规模化供应绿氢的条件越发成熟。2014—2023 年氢能产量如图 11-1 规模所示。

11.1.2 电氢成本情况

当前通过化石能源制氢成本约为 10 元/kg，而电解水制氢成本为 20—30 元/kg，是前者的 2-3 倍，仍缺乏经济上的竞争力。电解水制氢的主要成本包括用电成本、建设投资成本和运维成本，其中，用电成本一般约占总成本的 80%，因此对电价高度敏感。若能利用谷价时段的可再生能源电力作为电源，可大大降低电解水制氢成本，如当电价降至 0.15 元/kWh，绿氢制取成本将接近灰氢。在建设投资成本中，又以制氢核心设备造价为主。当前主流商业化、规模化的碱性电解槽造价为 1500—2000 元/kW，约占建设投资成本的 40%—50%；而适合小规模、动态响应更快的质子交换膜技术造价则高达 5000—6000 元/kW。常规的电解水制氢成本结构如图 11-2 所示。

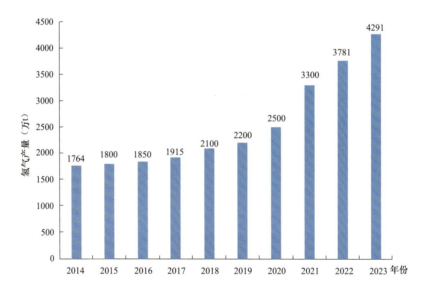

图 11-1　2014—2023 年氢气产量规模

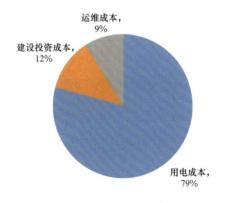

图 11-2　电解水制氢的成本结构

11.1.3 投资政策环境

自 2019 年首次被写入《政府工作报告》，强调在公共领域推动充电、加氢等设施建设后，氢能发展逐渐被纳入中央和国家层面的统筹谋划之中。2021年 10 月，中共中央、国务院印发《关于完整准确全面贯彻新发展理念做好碳达峰碳中和工作的意见》，提出统筹推进氢能"制—储—输—用"全链条发展。2022 年 3 月，国家发展改革委、国家能源局联合印发《氢能产业发展中长期规划（2021—2035 年）》，明确将氢能定位为未来国家能源体系的重要组成部分、用能终端实现绿色低碳转型的重要载体，氢能产业也被认为是战略性新兴产业和未来产业重点发展方向。2024 年 3 月，国务院政府工作报告中提出"加快前沿新兴氢能、新材料、创新药等产业发展"，氢能产业首次在国家层面的政府工作报告中被特别强调。2024 年 4 月，《中华人民共和国能源法（草案）》中将氢能明确定义为与石油、天然气和太阳能等同级的能源，氢能有望迎来加速发展的更大历史机遇。

2023 年以来，从中央到地方各级政府出台了多项与氢能相关的具体支持政策，政策环境积极向好。

（1）国家层面，促进氢能与其他产业协同融合，加快推进全产业链体系建设。

2023 年 1 月，工业和信息化部联合国家能源局等六部门发布《关于推动能源电子产业发展的指导意见》（工信部联电子〔2022〕181 号），强调把促进新能源发展放在更加突出的位置，积极有序发展氢能源；开发安全经济的新型储能电池，加快研发氢储能/燃料电池等新型电池；健全产业标准体系，加强储能/燃料电池等标准体系研究。

2023 年 3 月，国家能源局发布《关于加快推进能源数字化智能化发展的若干意见》（国能发科技〔2023〕27 号），明确指出在以新模式新业态促进数字能源生态构建中，提升氢能基础设施智能调控和安全预警水平，探索氢能跨能源网络协同优化潜力，推动氢电融合发展。

2023 年 7 月，国家标准委与国家发展改革委、国家能源局等六部门联合印发

《氢能产业标准体系建设指南（2023 版）》（国标委联〔2023〕34 号）（以下简称《指南》）。这是国家层面首个氢能全产业链标准体系建设指南，系统构建了氢能制、储、输、用全产业链标准体系，是落实国家发展氢能的决策部署，充分发挥氢能在现代能源体系建设、用能终端绿色低碳转型中的作用，发挥标准对氢能产业发展的支撑和引领作用的重要保障。指南强调加强氢能标准化工作顶层设计，加快关键标准修制定，强化标准实施作用，统筹推进国内国际氢能标准化工作，夯实氢能质量安全基础保障体系，切实发挥好标准对氢能产业的支撑和引领。

2024 年 3 月，国家能源局印发《2024 年能源工作指导意见》，提出编制加快推动氢能产业高质量发展的相关政策，有序推进氢能技术创新与产业发展，稳步开展氢能试点示范，重点发展可再生能源制氢，拓展氢能应用场景。

（2）地方层面，各地承接落实国家指导意见，因地制宜实施相关政策，促进氢能产业高质量发展。制造业基础深厚的山东、河南、广东等省着重以需求端的应用推动供应端的进步与壮大，集中力量打造本省氢能产业集群。

2023 年 1 月，山东省政府印发《山东省建设绿色低碳高质量发展先行区三年行动计划（2023—2025 年）》，提出结合本省实际，加快重化工业布局优化和结构调整，与外资油气巨头沙特阿美在氢能、可再生能源和碳捕集技术领域进行合作；壮大新兴产业，积极发展绿色低碳产业，实施"氢进万家"科技示范工程，营造制储输用全链条发展的创新应用生态，创建国家氢能高新技术产业化基地。

2023 年 2 月，河南省政府印发《河南省碳达峰实施方案》，提出科学发展氢能产业，按照"保障需求、适度超前"原则统筹布局加氢网络，优先支持在氢能产业发展较快地区布局建设一批加氢基础设施，鼓励建设氢电油气综合能源站；推进郑州、新乡、开封、焦作、安阳、洛阳建设国家氢燃料电池汽车示范城市群，打造郑汴洛濮氢走廊，到 2025 年，推广示范各类氢燃料电池汽车数量力争突破 5000 辆。

2023 年 2 月，广东省政府印发《广东省碳达峰实施方案》，提出打造大湾区氢能产业高地，制定氢能、储能、智慧能源等产业发展规划；推进工业整体有序达峰，开展氢能冶炼技术试点，加快推动减油增化，积极发展绿氢化工产业；推广节能低碳型交通工具，有序发展氢燃料电池汽车，稳步推动电力、氢燃料车辆对燃油商用、专用等车辆的替代；聚焦绿色低碳关键核心技术，强化氢能新能源技术创新，推动低成本可再生能源制氢等技术。

2023 年各省区发展氢能产业的主要相关政策如表 11-1 所示。

表 11-1　　　　　　　2023 年各省区发展氢能产业的主要相关政策

时间	省份	政策文件	内容要点
2023 年 1 月	山东	《山东省建设绿色低碳高质量发展先行区三年行动计划（2023—2025 年）》	加快重化工业布局优化和结构调整，与外资油气巨头沙特阿美在氢能、可再生能源和碳捕集技术领域进行合作；壮大新兴产业，积极发展绿色低碳产业，实施"氢进万家"科技示范工程，营造制储输用全链条发展的创新应用生态，创建国家氢能高新技术产业化基地
2023 年 1 月	江苏	《科技支撑碳达峰碳中和实施方案》	着力在新型绿色氢能等方向取得突破，力争取得一批原创性成果；实施未来产业培育计划，在氢能与储能等前沿领域建设未来地毯产业试验区；加快突破基于可再生能源的大规模制氢、高功率低成本氢燃料电池等一批关键技术瓶颈，加强太阳能制氢与氢冶炼工艺、分布式风光电制储用氢一体化等交叉融合的前沿技术创新；超前部署 CCUS 耦合制氢等技术
2023 年 1 月	甘肃	《甘肃省人民政府办公厅关于氢能产业发展的指导意见》	到 2025 年，氢能产业创新能力显著提高，基础设施加快建设，实现多元化应用场景示范。建成可再生能源制氢能力达到 20 万 t/年左右的制氢、储氢基地，建成一批氢气充装站及加氢站，引进培育氢能企业 20 家以上，年产值达到 100 亿元
2023 年 1 月	山西	《关于完整准确全面贯彻新发展理念切实做好碳达峰碳中和工作的实施意见》	谋划布局氢能产业应用示范项目，统筹推进"制储输加用"全链条发展；探索可再生能源制氢、充分发挥山西焦炉煤气富氢优势，鼓励就近消纳，降低工业副产氢供给成本，逐步推动构建清洁化、低碳化、低成本的多元制氢体系；统筹推进氢能基础设施建设，持续提升关键技术水平，稳步推进氢能多元化示范应用。推动加氢站建设，开展氢能重载汽车推广应用试点示范
2023 年 1 月	四川	《四川省能源领域碳达峰实施方案》	大力支持发展可再生能源制氢和工业副产氢，建设成渝"氢走廊"，打造成都"绿氢之都"、攀枝花氢能产业示范城市
2023 年 1 月	天津	《天津市减污降碳协同增效实施方案》	开展各类低碳（近零碳排放）试点示范建设，依托滨海新区保税区临港片区，打造氢能示范产业园。鼓励刚化联产，探索开展氢冶金、二氧化碳捕集利用一体化等试点示范

时间	省份	政策文件	内容要点
2023年2月	河南	《碳达峰实施方案》	统筹布局加氢网络，建设加氢基础设施，鼓励建设氢电油气综合能源站，推广示范各类氢燃料电池汽车
2023年2月	广东	《广东省碳达峰实施方案》	制定氢能、储能、智慧能源等产业发展规划，开展氢能冶炼技术试点，积极发展绿氢化工产业，有序发展氢燃料电池汽车
2023年2月	陕西	《陕西省碳达峰实施方案》	推进"制运储用"全链条发展，塑造陕西省氢能产业核心竞争力；加快陕北风光储氢多能融合示范基地建设，探索开展氢冶金、二氧化碳捕集利用一体化试点示范；推广电力、氢燃料等重型货运车辆，加快掺氢燃烧等可再生能源与化工副产系统耦合研发示范等
2023年2月	青海	《青海省氢能产业发展中长期规划（2022-2035年）》	加强顶层设计，重点围绕绿电制氢、绿氢化工、绿氢冶金、氢能交通等领域，科学合理规划产业布局；坚持创新驱动发展，围绕绿氢制取、绿氢储运、氢电耦合技术及关键材料研发等重点方向，加大技术研发投入，打造技术创新平台，构建氢能产业高质量发展技术创新体系；以氢能产业高质量发展为主线，有序开展氢能制、储、运、用产业链各环节试点示范，合理优化布局产业链，在具备条件的地区加快构建产业集群，促进产业集约高效发展
2023年3月	广西	《广西壮族自治区碳达峰实施方案》	统筹推进氢能"制储输用"全产业链体系，推动氢能在工业、交通领域应用；推动加氢站建设；鼓励高等学校加快新能源、氢能等学科建设和人才培养
2023年3月	宁夏	《宁夏回族自治区能源领域碳达峰实施方案》	提出将加快氢能产业化、规模化、商业化进程，推行氢能生产与可再生能源发电耦合、氢能利用与煤化工耦合的创新发展模式；加快交通领域氢能应用，推进氢燃料电池汽车在物流运输、公共交通、市政环卫等领域示范作用；到2025年，绿氢生产规模达到8万t/年，力争建成10座日加氢能力500kg及以上加氢站；到2030年，绿氢生产规模达到30万t/年
2023年3月	浙江	《关于促进浙江省能源高质量发展的实施意见（征求意见稿）》	加快氢能推广应用、高水平打造"环杭州湾""义甬舟"氢走廊。到2027年，全省建成加氢站70座以上
2023年3月	内蒙古	《关于推动全市风电光伏新能源产业高质量发展的意见》	通过新能源-绿氢-绿氨转化方式，打造风光氢储氨一体化零碳产业园。围绕制氢负荷中心，实施新能源风光氢储氨一体化项目。以通辽经济技术开发区为载体，引进绿氢电解制备系统、氢气储运系统、氢燃料加注系统，打造光伏、储能、氢能装备制造基地

时间	省份	政策文件	内容要点
2023 年 9 月	新疆	《自治区氢能产业发展三年行动方案（2023—2025 年）》	有序推进氢能基础设施建设、多元化应用、积极发展氢能装备制造产业
2023 年 12 月	海南	《海南省氢能产业发展中长期规划》	着力构建以绿氢为主的供应体系、建设绿氢产业示范园区、打造氢能合作交流平台、构建绿氢产业创新支撑体系、构建氢能产业发展政策体系
2023 年 12 月	安徽	《安徽省氢能产业高质量发展三年行动计划》	到 2025 年，产业总产值达到 500 亿元以上，燃料电池车辆推广量达到 2000 辆以上、氢能船舶运营 10 艘以上、建成加氢站（包括合建站）数量达到 30 座，建成 1 个以上氢能产业特色园区；在高效低成本电解水制氢、氢纯化与分离、储氢装备及材料、燃料电池关键材料和核心零部件等领域突破一批关键核心技术；在氢制备、氢储运、加氢站、燃料电池等重点环节，引进培育一批拥有自主知识产权、核心竞争力强的龙头企业

11.2　电氢协同投资方向与典型项目

氢能产业巨大的发展潜力，吸引众多国资国企入场布局，电氢协同即是其中一个重要方向。近几年，我国能源电力等大型央企布局绿氢明显提速，为氢能产业发展带来新动能和新活力，总体来看，绿氢产业发展逐渐显现出"三期"目标：短期目标，绿氢将替代灰氢直接参与化工领域供能；中期目标，绿氢在交通领域，如氢燃料电池汽车、船舶等移动、便利的多用能端发力；长期目标，绿氢成为可再生能源转化的理想储能载体，一方面可缓解风光等新能源固有的波动性，协调电网削峰填谷，另一方面，作为新型能源载体形式直接参与供能。

以下从氢的制、储、用三方面介绍电氢协同典型项目投资发展情况。

11.2.1　制氢端

目前已有中国石化新星公司、中石油、国家能源集团等多家大型国有能源企业，在我国西部和北部布局了一批利用电氢协同进行可再生能源"制储输用"氢一体化示范应用项目。

（1）中国石化率先开展规模化绿氢"制储用"全产业链示范。2023 年 6 月，中石化新疆库车绿氢示范项目正式全容量并网发电投产。该项目既是国内首个万吨级光伏绿氢示范项目，又是全球目前规模最大的光伏发电生产绿氢项目，总投资达 30 亿元。300MW 光伏电站产生源源不断的绿电，经过电解水制氢工厂转化为纯度达 99.9%的绿氢，制氢能力为 2 万 t/年，完全投产后成本预估为 18 元/kg，并且具备储氢能力 21 万 Nm^3、输氢能力 2.8 万 Nm^3/h。绿氢就近供应中国石化塔河炼化，完全替代现有天然气化石能源制氢，每年可减少二氧化碳排放 48.5 万 t。该项目不仅首次贯通了光伏发电、绿电输送、绿电制氢、氢气储存、氢气输运和绿氢炼化全流程，形成了具有自主知识产权的规模化电解水制氢工艺与工程成套技术，而且将为同类风光绿电制绿氢工程项目进行商业化应用积累了宝贵经验。项目所用的光伏组件、电解槽、储氢罐、输氢管线等重大设备及核心材料全部实现国产化，有效促进了我国氢能装备和氢能产业链发展。

中石化当前还在推进若干示范项目建设。2023 年 2 月，全球最大绿氢耦合煤化工项目——内蒙古鄂尔多斯市风光融合绿氢示范项目正式启动开工，项目总投资约 57 亿元，投产后可年产绿氢 3 万 t、绿氧 24 万 t，可减少二氧化碳排放 143 万 t/年。2023 年 4 月，国内首条"西氢东送"输氢管道示范工程开工，该工程起于内蒙古自治区乌兰察布市，终点位于北京市，管道全长 400 多 km，是我国首条跨省区、大规模、长距离的纯氢输送管道。管道建成后，将用于替代京津冀地区现有的化石能源制氢方式，大力缓解我国绿氢供需错配的问题，对今后我国跨区域氢气输送管网建设具有战略性的示范引领作用，助力我国能源转型升级。

（2）中石油在多能耦合制氢端发力，利用风光多能互补绿电耦合制氢。2023 年 1 月，乌兰察布兴和县风光发电制氢合成氨一体化项目正式获批，该项目是中国石油在内蒙古投资的首个风光发电制氢合成氨一体化项目。项目总投资 41.39 亿元，计划建设风电 350MW，光伏发电 150MW；年制氢能力 2.5 万 t，用于合成氨、尿素等化工原料，项目计划 2024 年年底投产。中石油将该地区丰富的太阳能与风能资源综合利用，通过电氢协同转化，走出了多能互补制绿氢的开创之路。

（3）国家能源集团在绿电制氢端快速跟进。2024 年 2 月，国家能源集团阿克苏沙雅县 30 万 kW 光伏制氢项目在新疆阿克苏地区沙雅县循环经济工业园区正式开工建设，预计 8 月底建成。该项目总投资约 19 亿元，主要建设 30 万 kW 光伏及配套的制氢基地，投产后平均每年绿氢产量为 2.04 万 t，可减排 16.6 万 t 二氧化碳，节约天然气 1 亿 m³。该项目贯通光伏发电、绿电输送、绿电制氢、氢气输运、绿氢生产及利用全流程，生产的绿氢主要用于工业合成氨中间原料，替代现有天然气制氢的灰氢方式。

11.2.2　储氢端

氢储能是在德国等欧洲国家氢能综合利用后提出的新概念，是一种极具发展潜力的规模化储能技术。该技术可提高可再生能源消纳、减少弃风弃光，用于电力系统调峰调频、电网削峰填谷、用户热电联产、微电网等场景等诸多场景。根据氢的应用场景，可将其可分为狭义氢储能和广义氢储能。狭义氢储能是"电-氢-电"模式，就是利用富余或者谷地电力来大规模制氢，将电能转化为氢能储存起来，在电力供给不足时，发挥调节的作用。但是该方式在过程中有两次能量转换，会导致整体效率降低。广义氢储能是"电-氢-X"模式，X指交通、化工等其他非电力系统领域，储存的氢直接在消费端使用，不再发电上网。相较于狭义氢储能，广义氢储能的经济性、应用范围更好。

目前规模较大的典型储氢项目有新疆克拉玛依氢储能调峰电站新型储能示范项目和油田风光气储氢一体化项目、安徽六安氢能综合利用示范站。

新疆克拉玛依在 2023 年 9 月启动氢储能调峰电站新型储能示范项目，狭义与广义氢储能同步使用，实现绿氢储能多样化应用。该项目立足绿氢到绿电、绿热的应用需求，围绕风光制氢、石化用氢、氢电供能规划布局，总投资 4 亿，用地 154 亩，首期建设 400MW 光伏发电场，年发电量 5.6 亿 kWh，配套 210MWh 氢储能调峰电站，年制氢量 1.3 亿 m^3，通过氢燃料电池发电，年产稳定绿电电量约 3.6 亿 kWh 的同时提供 48 万 GJ 的零碳热源服务，实现零碳供暖 48 万 m^2。克拉玛依还启动了新疆油田风光气储氢一体化项目，该项目于 2023 年 4 月列入第三批"沙戈荒"大型风电光伏基地建设项目预备清单，计划由中石油承接，建设 100 万 kW 风光发电机组，采用新能源与电网发电、通过多套电解槽模式制氢，年制氢量约 3.4 万 t/年。

安徽六安兆瓦级氢能综合利用示范站，是国内第一个兆瓦级氢能源储能电站。该示范电站由国网安徽综合能源服务有限公司投资建设，总投资 5000 万元，占地 10 亩，年制氢可达 70 余万 Nm^3、氢发电 73 万 kWh。项目首台燃料电池发电机组在 2022 年 7 月成功并网发电，标志着国内首套兆瓦级电解水制氢、储氢及氢燃料电池发电系统首次实现全链条贯通，氢储能整站技术验证通过，表明氢储能技术迈向应用更进一步。

11.2.3 用氢端

在用氢端，利用氢能发电是其应用方式之一。纯氢气或氢气与天然气的混合气燃烧后可以为燃气轮机提供动力，从而实现以燃气为发电方式的电厂脱碳目标。氢能发电有两种方式。一种是将氢能用于燃气轮机，经过吸气、压缩、燃烧、排气的机械过程，产生高温高压气体带动发电机产生电流输出，即燃氢发电技术。燃氢发电机组可以被整合到电力系统输送线路中，与制氢装置协同作用，在用电富余或者低谷时电解水制备氢气，用电高峰时再通过氢能发电补偿电网，以此实现电氢协同，减少资源浪费。另一种是利用电解水分解的逆反应，氢气与氧气发生电化学反应生成水并释放出电能，即氢燃料电池发电技术。燃料电池可应用于固定或移动式电站、备用峰值电站、备用电源、热电联供系统等发电设备，以及交通领域车辆、船舶等载具，从而实现氢能用能终端的灵活运用。

目前已经建成投产的氢能利用端典型项目有慈溪氢电耦合中压直流微网

工程、台州氢能综合利用示范工程、荆门重型燃机项目、南沙电氢智慧能源站和大亚湾石化区综合能源站项目等。

2022 年 5 月，国家电网牵头承担的首个氢能国家重点项目浙江省慈溪市氢电耦合中压直流微网工程项目开建，应用国内首个电—氢—热—车耦合的中压直流互联系统。该项目投资 2.16 亿元，2022 年 12 月 29 日完工。工程每日可制氢规模超 100kg，供热能力超 120kW，能满足 10 辆氢能燃料电池汽车加氢、50 辆纯电动汽车直流快充对电网的冲击需求，实现从清洁电力供应到清洁能源气体转化的全过程零碳。该项目自主研发高效电解制氢系统、燃料电池热电联供系统、氢能与电池混合储能、多端口直流换流器等核心装备，将电、氢、热等能源网络中的生产、存储、消费等环节互联互通，实现绿电制氢、电氢热高效联供、氢燃料电池车网灵活互动等多功能协同转化与调配，形成以电为中心的电氢热耦合、多端用能的示范。

2022 年 7 月，国家电网浙江台州大陈岛氢能综合利用示范工程投运，可利用海岛丰富的风电电解水制取氢气。该工程构建高效、可靠和稳定供电的"可再生能源制氢—氢能储运—氢燃料电池热电联供"能源综合利用系统。工程投运后，预计每年可消纳岛上富余风电 36.5 万 kWh，产出氢气 73 000Nm^3，这些氢气可发电约 10 万 kWh。该工程应用了制氢——发电一体化变换装置等装备，实现了国内氢综合利用能量管理和安全控制技术新的突破，提高了新型电力系统对新能源的适应性，是新型电力系统的一次有力探索和实践，也是电氢协同氢能发电应用的初步实践。

2022 年 9 月，国家电投荆门绿动公司的高比例掺氢燃烧改造试验，即荆门燃机项目取得重大突破，在运燃机实现了 30% 的掺氢燃烧改造和运行。这是中国首次在重型燃机商业机组上实施高比例掺氢燃烧改造试验和科研攻关，也是全球范围内首个在天然气联合循环、热电联供商业机组中进行高比例掺氢燃烧的示范项目。该项目对单台 54MW 燃机进行了掺氢改造。在掺氢 30% 的情况下，该机组每年即可减少二氧化碳排放量超 1.8 万 t。

2023 年 3 月，南方电网在广州南沙建设的小虎岛电氢智慧能源站投入运行，这是我国首次结合固态储氢并网发电。该能源站利用光伏发电，驱动电解水装置制取绿氢，采用固态储氢装置储氢，再通过升高固态储氢装置温度释放氢气实现用氢。该站共有7个不同储量的固态储氢装置，可以储存90kg氢气，供燃料电池发电支撑电网调峰，解决电力系统灵活性调节资源不足的问题。该能源站是国家重点研发计划项目的示范工程，也是国内首个应用固态储供氢技术的电网侧储能型加氢站，实现了从电解水制氢，到固态氢储存，再到加氢、燃料电池发电并网，全流程电氢协同发电应用的示范。

2024年3月，广东省能源集团投资建设的惠州大亚湾石化区综合能源站项目1号机组顺利投产。该项目在国内首次采用9HA.01型燃气轮机，可以掺氢10%的燃料运行，理论上每年相比以纯天然气为燃料的机组，满负荷运行最多可减少二氧化碳排放约2.9万t，在节能减排方面起到示范引领作用。

当前还有若干项目在筹划和推进中，其中都江堰10MW等级工业园区氢储能供电站颇具代表性。该电站作为绿电制氢储氢发电商业应用项目，一期将先行建设3000Nm^3/h绿电电解水制氢系统、24 000Nm^{3}气态储氢系统和4MW氢燃料电池发电系统，其氢能发电功率为目前国内最大，有望成为首个超过兆瓦级的工程应用项目。

11.3　氢能企业经营状况

目前氢能企业规模相对有限，氢能相关运营业务较难从能源电力等相关公司的全部业务中单独剥离出来，因此其财务数据有一定参考价值。考虑到当前氢能制造企业是整个行业的重要构成之一，且上市公司数据公开透明，故本节从氢能产业链上下游典型制造企业主要财务指标展现氢能行业的盈利情况。选取包括中材科技、隆基绿能、潍柴动力、美锦能源、中石化、亿华通等15家上市氢能相关企业，具体指标包括毛利率、净利率、净资产收益率和资产负债率。2018—2023年氢能上市公司主要财务指标如表11-2所示。

年份	2018	2019	2020	2021	2022	2023
毛利率	25.1	26.1	25.6	23.8	20.5	20.3
净利率	−3.8	6.2	3.1	4.1	1.7	1.3
净资产收益率	5.8	8.7	8.5	9.5	8.6	6.2
资产负债率	49.3	47.2	47.1	48.2	50.6	51.8

表 11-2　　　　　2018—2023 年氢能上市公司主要财务指标　　　　单位：%

2023 年氢能相关上市公司毛利率维持在 20.3%左右，净利率水平自 2019 年到达高点 6.2%后逐渐降低至 1.3%。2023 年氢能相关企业资产负债率水平继续增长到 51.8%，净资产收益率自 2021 到达高点 9.5%后持续降低至 6.2%，同比下降 27.9%。一方面是行业自身扩张影响，受益于新能源宏观政策环境的鼓舞，企业持续加大研发投入、加快创新迭代，例如亿华通等企业投入幅度增长超过营收；另一方面市场规模尚未打开，燃料电池在与锂离子电池的竞争中仍处在绝对下风，下游装机量还较少，更多靠政策补贴驱动而非市场驱动，电堆、双极板等零部件国产化技术不断成熟带动系统价格快速下降，行业间竞争加剧导致利润增长点降低。总体而言，当前氢能产业仍处于以投入为主的培育阶段，且氢能实际利用主要集中在化工领域，受经济增长放缓影响化工行业进入收缩期，为氢能发展提供支撑力度或将有所减弱，氢能产业何时整体进入真正盈利期尚难以预料。

11.4　电氢协同发展前景展望

（1）我国氢能产业发展短期内仍处于初期阶段，绿氢发展空间可观。我国氢气产量规模将持续增长，预计 2024 年突破 5000 万 t。目前已经初步形成涵盖"制-储-输-用"的氢能全产业链布局，但氢能市场仍处于产业化初期阶段。根据《氢能产业发展中长期规划》中的短期目标，2025 年绿氢产能达到 10 万—20 万 t，距离目前千万吨规模需求下的灰氢替代有巨大空间。另外，我国可再生能源装机量已是全球第一，并且 2023 年我国可再生能源发电装机量占比首次超过 50%，在清洁低碳的氢能供给上具有巨大潜力。随着绿色电力规模继续提升，绿氢生产成本有望随之降低，电氢协同绿色发展进程将加速。

（2）化工行业规模需求大，有望成为绿氢规模化应用的首要场景。目前，我国超过 60% 的氢气作为原料或还原剂用于化工等工业领域，但所用氢气主要是通过化石燃料煤和天然气制取的灰氢，在双碳目标下，化工、钢铁等重工业行业存在绿氢替代灰氢的巨幅减碳空间。在交通、电力、建筑等领域尚未规模化发展之时，化工相关领域有望成为绿氢规模化应用的首要场景，带动绿氢产能规模化发展。

（3）涉氢技术多端发力，加快创新迭代发展。制氢端：碱性电解槽技术目前发展稳定，未来一段时间内仍是市场主流选择；质子交换膜电解水制氢成本逐渐下降，突破质子交换膜核心技术，未来市场机会前景广阔。储运端：短期内高压气态储氢仍是主要储存方式，攻关 IV 型瓶提升储运效率；有机液态储氢、固态储氢等处于技术示范期，规模化应用有待时日。用氢端：氢燃料电池中质子交换膜、催化剂、碳纸等核心部件加速国产化替代，有望进一步降低成本，实行电氢协同多能终端应用。

综上，当前氢能产业进入项目规模化示范应用、技术突破的关键期，技术不断创新迭代，按照当前发展形势，未来 5 年氢能产业或将进入发展爆发期，2030 年左右随着可再生能源发电成本进一步下降、电解水制氢技术进步、产业政策及应用标准体系完善和碳达峰的实现，氢能产业将迎来硕果丰收期，行业整体上实现一定的盈利水平。

数 据 来 源

[1] 世界银行

[2] 国际货币基金组织

[3] 美国经济分析局

[4] 欧盟统计局

[5] 日本内阁府

[6] 韩国统计厅

[7] 俄罗斯联邦统计局

[8] 印度统计局

[9] 巴西国家地理与统计局

[10] 国家统计局

[11] 国家能源局

[12] 中国电力企业联合会

[13] Wind 金融终端

[14] 中国核能行业协会

[15] 中国风能协会

[16] 中国光伏行业协会

[17] 中关村储能产业技术联盟

[18] 中国水力发电工程学会

[19] 全国煤炭交易中心

参 考 文 献

［1］中国电力企业联合会．中国电力行业年度发展报告 2024〔R〕．北京：中国电力企业联合会，2024.

［2］中国电力企业联合会．中国电力工业统计快报（2023 年）〔R〕．北京：中国电力企业联合会，2024.

［3］中华人民共和国中央人民政府．2024 年国务院政府工作报告〔R〕．北京：中华人民共和国中央人民政府，2024.

［4］World Bank. Global Economic Prospects，June 2024〔R〕．Washington，DC：World Bank，2024.

［5］中国煤炭工业协会．2023 煤炭行业发展年度报告〔R〕．北京：中国煤炭工业协会，2024.

［6］北极星电力网．2023-2024 年火电厂建设报告〔R〕．北极星电力网，2024.

［7］王玮嘉，等．辅助服务政策落地，看好火电估值〔R〕．华泰证券，2024.

［8］汪磊．多省峰谷价差下降，1 月核准煤电装机 2.7GW〔R〕．华福证券，2024.

［9］广西能源股份有限公司．广西能源股份有限公司 2023 年年度报告〔R〕．贺州：广西桂东电力股份有限公司，2024.

［10］中国核能行业协会，中智科学技术评价研究中心，中核战略规划研究总院．中国核能发展报告（2024）〔M〕．北京：社会科学文献出版社，2024.

［11］中国核能电力股份有限公司．中国核能电力股份有限公司 2023 年年度报告〔R〕．北京：中国核能电力股份有限公司，2024.

［12］中国广核电力股份有限公司．中国广核电力股份有限公司 2023 年年度报告〔R〕．深圳：中国广核电力股份有限公司，2024.

［13］第八届全球海上风电大会．海上风电回顾与展望 2023〔R〕．唐山：第八届全球海上风电大会，2023.

［14］中国电力企业联合会．2023 年度全国电力供需形势分析预测报告〔R〕．北京：中国电力企业联合会，2024.

［15］中国可再生能源学会风能专业委员会．2023 年中国风电吊装容量统计简报〔R〕．北京：中国可再生能源学会风能专业委员会，2024.

［16］中信证券．2023 年风电行业有望走出景气低谷，迎来装机显著复苏〔R〕．中信证券，2024.

[17] 朱玥怡. 风电产品价格战持续，大型化会成为拯救业绩的"东风"吗？[N]. 北京：新京报，2024.

[18] 黄麟，吴含. 时代新材：高端新材料平台，铸造风电叶片龙头及减振材料"小巨人"[R]. 华创证券，2023.

[19] 姚遥. 风电塔筒深度：布局双海，盈利可期 [R]. 国金证券，2023.

[20] 中研普华研究院. 2023—2028 年风电轴承行业市场竞争格局与投资战略规划报告 [R]. 深圳：中研普华研究院，2023.

[21] 中国光伏行业协会. 中国光伏产业发展路线图 （2023—2024 年）[R]. 北京：中国光伏行业协会，2024.

[22] 全国新能源消纳监测预警中心. 2023 年全国新能源并网消纳情况 [R]. 北京：全国新能源消纳监测预警中心，2024.

[23] 中国电力企业联合会. 2023 年中国电力行业经济运行报告 [R]. 北京：中国电力企业联合会，2024.

[24] 中国能源研究会储能专委会，中关村储能产业技术联盟. 储能产业研究白皮书 2024 [R]. 北京：中关村储能产业技术联盟，2024.

[25] 中国化学与物理电源行业协会. 2024 年中国新型储能产业发展白皮书 [R]. 杭州：中国化学与物理电源行业协会，2024.

[26] 中国电力企业联合会. 2023 年度电化学储能电站行业统计数据 [R]. 北京：中国电力企业联合会，2024.

[27] 安徽电力交易中心. 安徽电力市场年度信息披露报告（2023 年度）[R]. 合肥：安徽电力交易中心，2024.

[28] 广东电力交易中心. 广东电力市场 2023 年年度报告 [R]. 广州：广东电力交易中心，2024.

[29] 昆明电力交易中心. 云南电力市场 2023 年运行总结及 2024 年预测分析报告 [R]. 昆明：昆明电力交易中心，2024.

[30] 国务院国资委考核分配局. 企业绩效评价标准值 [M]. 北京：经济科学出版社，2023：150.

[31] 国家电力投资集团有限公司. 国家电力投资集团有限公司 2024 年度第七期中期票据募集说明书 [R]. 北京：国家电力投资集团有限公司，2024.

[32] 大公国际资信评估有限公司. 中国华能集团有限公司主体与 2024 年度第一期中期票据信用评级报告 [R]. 北京：大公国际资信评估有限公司，2024.

［33］中国华能集团有限公司．中国华能集团有限公司 2024 年度第四期超短期融资券募集说明书［R］.

北京：中国华能集团有限公司，2024.

［34］中国华电集团有限公司．中国华电集团有限公司 2024 年面向专业投资者公开发行科技创新公司债

券（第一期）募集说明书［R］．北京：中国华电集团有限公司，2024.

［35］中证鹏元资信评估股份有限公司．中国大唐集团有限公司 2024 年度第四期中期票据信用评级报告

［R］．深圳：中证鹏元资信评估股份有限公司，2024.

［36］中国大唐集团有限公司．中国大唐集团有限公司 2024 年度第四期中期票据募集说明书［R］．北京：

中国大唐集团有限公司，2024.

［37］华润电力控股有限公司．华润电力控股有限公司可持续发展报告 2023［R］．深圳：华润电力控股

有限公司，2024.

［38］华润电力控股有限公司．华润电力控股有限公司 2023 年年度报告［R］．深圳：华润电力控股有限

公司，2024.

［39］广东省能源集团有限公司．广东省能源集团有限公司 2024 年度第一期超短期融资券募集说明书

［R］．广州：广东省能源集团有限公司，2024.

［40］浙江省能源集团有限公司．浙江省能源集团有限公司 2024 年度第二期中期票据基础募集说明书

［R］．杭州：浙江省能源集团有限公司，2024.